AF523943

Jörg Koch

Frankfurt am Main

55 Meilensteine der Geschichte

Menschen, Orte und Ereignisse, die unsere Stadt bis heute prägen

Gewidmet der in Frankfurt geborenen Schauspielerin Gaby Reichardt

SUTTON

Inhalt

Einleitung

Kaum eine Stadt ist so gut erreichbar wie Frankfurt. Mit dem Auto, der Bahn oder dem Flugzeug gelangt der Besucher in eine Metropole, von der viele außerhalb der Landesgrenzen meinen, sie sei die Hauptstadt Hessens. Das Potential dazu hätte Frankfurt, doch war die Stadt während des Zweiten Weltkrieges durch alliierte Bomber so stark zerstört, dass ihr 1945 jede Voraussetzung für eine Regierungsstadt fehlte.

Die Anreise in die mit rund 780.000 Einwohnern fünftgrößte Stadt Deutschlands empfiehlt sich mit der Bahn; allein der 1888 eröffnete Kopfbahnhof mit seinen oberirdisch 25 Hauptgleisen ist eine Entdeckung wert. Von hier startet bequem die Zeitreise in die mehr als 1000-jährige Stadtgeschichte. Von 1372 bis zum Ende des Heiligen Römischen Reichs Deutscher Nation (1806) Reichsstadt, das heißt, von keinem Landesherrn abhängig, fanden hier

zunächst zahlreiche Königswahlen, dann auch Krönungen statt. An die Blüte der mittelalterlichen Epoche konnte Frankfurt 1815 nach Wiederherstellung als Freie Stadt innerhalb des Deutschen Bundes (neben Hamburg, Bremen und Lübeck) anknüpfen; der zentral gelegene Ort entwickelte sich während der Industrialisierung zur Großstadt und entfaltete eine rege Bautätigkeit, die in Ansätzen noch heute vorhanden ist. Mit der Annexion Frankfurts 1866 durch Preußen verlor die Stadt jedoch an politischer Bedeutung. 1948/49 bewarb sich Frankfurt als neue Bundeshauptstadt, unterlag dann jedoch nur knapp Bonn. Diese Niederlage ist längst verschmerzt. Heute präsentiert sich die Stadt als internationale Wirtschaftsmetropole, ist Sitz der Europäischen Zentralbank, Ort bedeutender Messen und verfügt wie keine andere deutsche Stadt über eine unverwechselbare Skyline. Hier stehen 18 der 19 Wolkenkratzer Deutschlands, also Gebäude mit mehr als 150 Metern Höhe, von denen vier (Messeturm, Omniturm, Opernturm, Taunusturm) sogar eine eigene Postleitzahl haben!

Zugleich ist Frankfurt eine Stadt der Medien. Neben dem Hessischen Rundfunk sind hier mehrere namhafte Verlage ansässig, und mit der „Frankfurter Allgemeinen Zeitung" und der „Frankfurter Rundschau" erscheinen hier zwei deutschlandweit bekannte Tageszeitungen. Mit zahlreichen Museen, Theatern, Galerien etc. bietet Frankfurt kulturell ein vielseitiges Angebot, das Jahr für Jahr Hunderttausende Touristen anlockt. Schon die Jüngsten der rund sechs Millionen Einwohner großen Rhein-Main-Region lernen Frankfurt kennen, etwa bei einem Besuch des Goethe-Hauses, des Palmengartens oder Zoos. Zu den weiteren überregional bekannten Sehenswürdigkeiten zählen die Paulskirche, ein Ort der Demokratiebewegung des 19. Jahrhunderts, der Dom, die Krone der Stadt, oder die Alte Oper, ein gelungenes Beispiel für eine originalgetreue Rekonstruktion. In den folgenden 55 Kapiteln wird ein repräsentativer Ausschnitt dieser reichhaltigen Geschichte Frankfurts dargestellt. Dem aufmerksamen Leser wünsche ich ein unterhaltsames Vergnügen voller Entdeckungen und Überraschungen.

Jörg Koch

Luftaufnahme von Frankfurt, um 1935.

1 An Main und Nidda
Die Stadt und ihre Flüsse

Städte an großen Flüssen haben immer ein besonderes Flair, das Wasser zieht stets magisch an, das trifft auch auf das Mainufer bei Frankfurt zu. Ohne den Main als Verkehrsader hätte sich die Stadt im 19. Jahrhundert nicht zu einem wichtigen Industrie- und Handelsstandort entwickeln können. Da schon in fränkischer Zeit am Untermain mehrere Handelswege aufeinandertrafen, wurde der noch unbegradigte Fluss hier als Furt, also Überquerung genutzt, daher ergab sich der Name Frankfurt.

Der Main ist insgesamt 527 Kilometer lang und damit der längste rechte Nebenfluss des Rheins, 26 Stromkilometer fließen durch das Stadtgebiet, das so in einen nördlichen und südlichen Teil getrennt wird. Während das Ufer auf der rechten Mainseite öffentlich nur bedingt zugänglich ist (so ist der Zugang am Osthafen und im Industriepark Höchst gesperrt), verläuft auf der linken Seite ein Teil des 600 Kilometer langen und gern genutzten Main-Radwegs. Mit der teilweisen Deindustrialisierung der Innenstadt ab den 1980er-Jahren wurden neue Grünanlagen am Mainufer geschaffen und die vorhandenen Promenaden zu einem beliebten Erholungsgebiet ausgebaut. Auch einige Häfen wie der Westhafen im Gutleutviertel oder der Höchster Hafen, die an Bedeutung verloren hatten, wurden in den vergangenen Jahren stillgelegt und in ein attraktives Wohngebiet umgewandelt. Mit vier Becken und einer Hafenbahn ist der 1912 eröffnete Osthafen im Stadtteil Ostend der größte Frankfurter Hafen. Stark frequentiert ist ebenso der Hafen im Industriepark Höchst, nach wie vor einer der wichtigsten Chemie- und Pharmastandorte Europas. Auf das gesamte Stadtgebiet verteilt überqueren 21 Brücken und Stege den Main, davon entfallen auf die Innenstadt neun Brücken. Am bekanntesten ist der elegante Eiserne Steg zwischen der Altstadt und Sachsenhausen. Ursprünglich 1868 errichtet und 1912 ersetzt, wurde die rund 174 Meter lange Fußgängerbrücke am Ende des Zweiten Weltkrieges gesprengt, 1946 rekonstruiert und 1993 umfangreich saniert. Deutlich älter ist die Alte Brücke wenige Meter flussaufwärts. Sie wurde bereits 1222 erstmals urkundlich erwähnt, sie war mit ihren Türmen und Mühlen stadtbildprägend und jahrhundertelang die einzige steinerne Brücke am Untermain. Da sie für den Straßenverkehr nicht mehr zeitgemäß war, wurde sie 1914 demontiert und durch einen 1926 eingeweihten Neubau ersetzt, der jedoch wenige Tage vor Kriegsende ebenfalls gesprengt wurde. Die heutige, 2014 sanierte neue Alte Brücke stammt aus dem Jahr 1965. Eine wichtige Funktion erfüllt die Deutschherrenbrücke von 1913 bzw. 1949, denn über sie verläuft die Eisenbahnstrecke vom Hauptbahnhof nach Aschaffenburg. Weitere Straßenbrücken in der Innenstadt sind die Untermainbrücke (1874/1949/1990), die Ignatz-Bubis-Brücke

Mündung der Nidda in den Main bei Höchst.

(1878/1949), die Flößerbrücke (1986) und die Osthafenbrücke (2013). Als reine Fußgängerbrücke fungiert der Holbeinsteg, der seit 1990 das Bahnhofsviertel mit dem Museumsufer verbindet.

Zweitgrößter Fluss in der Mainmetropole ist die Nidda, die im Vogelsberg entspringt und nach rund 70 Kilometern bei Berkersheim das Frankfurter Stadtgebiet erreicht. Bei Nied bzw. Höchst mündet sie nach 19 Kilometern in den Main. Insgesamt 40 Brücken überqueren im Stadtgebiet die Nidda, bei den meisten handelt es sich um Fußgängerbrücken. Außerdem gibt es zahlreiche Bäche und Gräben, von denen einige nur wenige Meter lang sind, wie der 180 Meter lange Enkenheimer Mühlbach in Bergen-Enkheim oder der 430 Meter lange Brunnengraben in Harheim. Andere Bäche durchfließen mehrere Stadtteile und sind ein paar Kilometer lang, so der Liederbach oder der Königsbach. Egal, wie lang sie sind und wo sie liegen – sie vermitteln inmitten der Großstadt naturnahe Idylle, bieten Erholung und laden zum Verweilen ein.

2 Die Synode von Frankfurt
Erste urkundliche Erwähnung der Stadt

Frankfurt blickt auf eine sehr lange Vergangenheit zurück, erstmals urkundlich erwähnt wurde „Franconofurd" im Jahr 794 in einer Königsurkunde anlässlich eines längeren Aufenthalts Karls des Großen (747–814) „in loco caelebri, qui dicitur Franconofurd". Der karolingische König soll der Sage nach auf seiner Flucht vor den Sachsen mit den Franken hier den Main über eine Furt überquert haben – so entstand der Name Frankfurt.

Karl blieb sieben Monate, bis in den Sommer 794. Hier feierte er Ostern, empfing Besuch, sprach Recht, stellte Urkunden aus, ließ theologische Gutachten verfassen und religiöse Praktiken prüfen. Der Aufenthalt gipfelte in einer bedeutenden Synode, die im Juni 794 in Frankfurt tagte. Hierher – und nur dieses eine Mal in seiner langen Regierungszeit – berief Karl die Bischöfe aus allen Provinzen seines Reiches, aus Italien, West- und Ostfranken sowie Nordspanien. Es ging um Glaubens-, Rechts- und soziale Fragen, die nicht nur das Frankenreich und die Angelsachsen, sondern auch Rom, Byzanz, Spanien, ja die ganze christliche Kirche bewegten und in Unruhe versetzten. In diesem halben Jahr stand Frankfurt im Zentrum der Weltpolitik.

Verhandelt wurden während der Frankfurter Synode theologische, politische und rechtliche Themen, denen die moderne Geschichtsforschung große historische Bedeutung zuschreibt. Darunter waren uns sehr fremd anmutende Fragen wie die Lehre des Adoptionismus oder der byzantinische Bilderstreit. Die Frankfurter Synode bot aber auch den Rahmen, um einen bereits sechs Jahre währenden politischen Streit zu klären. Tassilo (um 741–796), vormals Herzog der Baiern, war wegen Treuebruchs abgesetzt worden. Sein Herzogtum hatte Karl der Große in Besitz genommen. Die Vorwürfe gegen Tassilo sind aus heutiger Sicht wohl fingiert gewesen. Auf der Synode musste sich Tassilo dem Unrechtsdiktat des Königs unterwerfen, und damit wurde der Konflikt „befriedet". Es mag sein, dass diese „Friedensfeier" den Aufstieg Frankfurts ausgelöst und begründet hat, jedenfalls entwickelte sich der Ort in der Folge zum „Hauptsitz" des ostfränkischen Reiches.

Von praktischer Wichtigkeit war die Festlegung von einheitlichen Münzen, Maßen und Gewichten: „An jedem Ort und in jeder Stadt und an jedem Marktort sollen die neuen Denare gleichermaßen kursieren und von allen akzeptiert werden. Tragen aber die Münzen unseren Namen und sind sie von reinem Silber und von gutem Gewicht, und verweigert irgendjemand irgendwo bei irgendeinem Kauf oder Verkauf die Annahme, dann soll er, ist er freigeboren, an den König fünfzehn Schilling Buße zahlen."

Eine weitere Bestimmung lautete: „… dass niemand die Ernte jemals teurer verkaufe, weder zur Zeit der Fülle noch zur Zeit der Teuerung, als den neu definierten Köngisscheffel Hafer zu einem Denar, den Scheffel Gerste zu zwei Denaren …" Der

Die 2016 aufgestellte Figur Karls des Großen auf der Alten Brücke erinnert an den Namensgeber der Stadt. Die Originalfigur (1843) befindet sich im Historischen Museum.

Brotpreis wurde damit den Schwankungen des Marktes entzogen. Diese statische Denkweise wirkte als Überbleibsel der Synode noch lange fort, und die Bindung an den Scheffelpreis für Getreide blieb lange über das Mittelalter hinaus bestehen. Gleichfalls lange nachgewirkt hat die Erklärung der Synode von 794, dass „der Mensch in jeder Sprache zu Gott beten darf und erhört wird, wenn er nur recht bittet“. Religionspolitisch hatte diese Festlegung zur Folge, dass Übersetzungen und volkssprachliche Kommentierungen der zentralen christlichen Texte (Taufgelöbnis, Glaubensbekenntnis und Vaterunser) entstanden und als vollgültig erachtet wurden. In diesen Zusammenhang gehört zum Beispiel die Umformung eines heidnischen Schöpfungsmythos in einen theologisch korrekten Text, der heute „Wessobrunner Gebet“ genannt wird. Wohl eher unbeabsichtigt führte dies zur Beschäftigung mit der Volkssprache, und im Lauf der folgenden 300 Jahre sollte sich dann im ganzen Reich Karls eine Bildungssituation einstellen, in der eine große Zahl von Übersetzungen aus dem Lateinischen in die althochdeutsche Sprache entstanden ist. Einzelne Autoren fanden gar den Mut, in ihrer Muttersprache zu dichten. In die Linie dieser Entwicklung gehört einige Jahrhunderte später die Übersetzung der Bibel ins Deutsche durch Martin Luther (1483–1546).

3 Sachsenhausen
Mehr als nur Äppelwoi

Sachsenhausen am linken Mainufer, erstmals 1193 urkundlich erwähnt, gehört bereits seit mehr als 700 Jahren zum Frankfurter Stadtgebiet und ist damit der älteste Stadtteil. Doch weit entfernt scheint hier die Bankenmetropole mit ihren postmodernen Wolkenkratzern zu liegen – Sachsenhausen ist bekannt als idyllisches Apfelwein-Viertel, das ganzjährig zahlreiche Touristen anzieht.

In Alt-Sachsenhausen mit seinen schmucken Fachwerkhäusern und den verwinkelten Gassen aus Kopfsteinpflaster herrscht allezeit eine gemütliche Stimmung. Zentrum des Viertels ist die Klappergasse mit ihren zahlreichen Gaststätten. Bereits seit 1754 wird hier der Apfelwein, das Nationalgetränk der Frankfurter, ausgeschenkt. Das „Steinern Haus" (um 1450) ist das älteste Gebäude der Gasse, die dank geringer Kriegsschäden ihren ursprünglichen Charakter bewahren konnte. Zur besonderen Atmosphäre Sachsenhausens gehören etliche Brunnen, von denen der „Fraa-Rauscher-Brunnen" der bekannteste und gefürchtetste ist. Eingeweiht während des Brunnenfestes 1961, stellt das liebenswerte Werk des Bildhauers Georg Krämer (1906–1969) eine Marktfrau dar, die in der rechten Hand einen Krug und in der linken Hand einen Korb trägt. Achtung: Nähert man sich dem Brunnen, so spuckt aus dem Mund der Frau Rauscher in zeitlichen Abständen Wasser. Frau Rauscher, das Original des Stadtteils, die, so eine Legende, im 19. Jahrhundert in der Klappergasse gelebt haben soll, spielt mit ihrem Namen auf den hier beliebten Apfelwein an. Sie ist Gegenstand eines Äbbelwoiliedes, Markenzeichen der Apfelwein-Kelterei Possmann, Namensgeberin einer Gaststätte, Unterzeichnerin einer täglichen Glosse der „Frankfurter Rundschau", und seit Ende 2019 erscheint sie sogar als Ampelmännchen in Sachsenhausen.

Ein weiteres Wahrzeichen des traditionsreichen und viel besuchten Ortes ist der 1390 errichtete Kuhhirtenturm, einst Teil der wehrhaften Frankfurter Stadtbefestigung. Im Gegensatz zur übrigen Stadtmauer mit ihren vier weiteren Türmen hat er den Abriss der mittelalterlichen Befestigungsanlage zugunsten der Stadterweiterung zu Beginn des 19. Jahrhunderts überlebt. Bekannt ist der Kuhhirtenturm, da hier zwischen 1923 und 1943 der Komponist Paul Hindemith (1895–1963) bzw. dessen Mutter und Schwester gelebt haben. Gegen Ende des Zweiten Weltkrieges schwer beschädigt, erlebte der Turm nach Instandsetzung eine vielseitige Nutzung (u.a. als Jugendherberge), bis 2011 hier das „Hindemith Kabinett im Kuhhirtenturm" eröffnet wurde, das eine Ausstellung zu Leben und Werk des Komponisten präsentiert.

Doch Sachsenhausen ist nicht nur ein Ort des Apfelweins, es war bis Ende 2023 jahrzehntelang auch ein Produktionsstandort bekannter Biersorten. Nur noch Erinnerung ist der Henninger-Turm, zwischen 1961 und 2013 das Wahrzeichen

Neben dem Apfelwein-Viertel ist der Kuhhirtenturm (1390) Wahrzeichen von Sachsenhausen.

Sachsenhausens und bis 1974 das höchste Gebäude der ganzen Stadt (an seiner Stelle erhebt sich seit 2017 der neue Henninger-Turm, ein 140 Meter hohes Wohnhaus). Er gehörte der traditionsreichen Henninger-Bräu AG, die 2001 von der benachbarten, 1870 gegründeten Binding-Brauerei übernommen wurde. Diese Brauerei wiederum ist Teil der Radeberger Gruppe, die mit rund 60 Biermarken größte Brauereigruppe Deutschlands – mit Hauptsitz an der Darmstädter Landstraße in Frankfurt.

4 Der Dom
Die Krone der Stadt

Angesichts der Hochhäuser der Bankenmetropole ist die Konkurrenz groß, doch zu übersehen ist er nicht, auch er prägt das Stadtbild, vor allem am Mainufer: der imposante Dom, dessen 95 Meter hoher Turm die Altstadt überragt und der zu den geschichtsträchtigsten Bauten Deutschlands gehört.

Bereits vier Vorgängerkirchen hatten an der Stelle gestanden, an der ab 1239 der heutige gotische Dom aus rotem Sandstein gebaut wurde, der dem Apostel Bartholomäus geweiht ist. Bis um 1550, als die dreischiffige Hallenkirche ihr heutiges Ausmaß erreichte, wurden nach und nach die einzelnen Bauteile errichtet. Bauherr war der Rat der Freien Reichsstadt, in der es keinen Bischof gab. Mit dem Bau des prachtvollen Westturms wurde 1415 begonnen, nach rund 100 Jahren Bauzeit endeten die Arbeiten bei einer Höhe von fast 60 Metern, bereits zu dieser Zeit diente der Turm als beliebter Aussichtspunkt. Etwa auf halber Höhe lag die Wohnung des Turmwächters, der Feuer und herannahende Feinde zu melden hatte. Die Vollendung des schmuckreichen Turms erfolgte erst 1877, wenige Jahre nach dem Dombrand von 1867, der einen (im Inneren neugotischen) Wiederaufbau erforderlich machte. Seitdem befindet sich im Turm die 12 Tonnen schwere Gloriosa, die zweitgrößte Bronzeglocke Deutschlands (nach der Petersglocke im Kölner Dom). Nach Überwindung von 328 Stufen hat man von der Aussichtsplattform in 66 Metern Höhe eine wundervolle Aussicht auf die Stadt und Umgebung. Herzstück der Kirche ist die Vierung, hier fanden im Mittelalter die Proklamation des Königs (und seit 1562 auch dessen Krönung) statt. In der Wahlkapelle an der Südseite der katholischen Pfarrkirche hatten zuvor die sieben Kurfürsten den neuen Regenten gewählt (sieben lederbezogene Sessel stammen noch aus der späten Phase der Königs-

wahlen). Daher ist der gesamte Bau für die Reichsgeschichte ein so bedeutender Ort. Die geschichtsträchtige Wahlkapelle, in der die Reliquien des Hl. Bartholomäus aufbewahrt werden, dient heute dem stillen Gebet. Wie die Umgebung wurde auch der Dom am Ende des Zweiten Weltkrieges, insbesondere am 22. März 1944, stark zerstört (die bedeutenden Kunstschätze waren zuvor ausgelagert worden). Ab 1948 bis Mitte der 1950er-Jahre erfolgte der Wiederaufbau, die dabei errichtete Klais-Orgel zählt mit ihren rund 8800 Pfeifen zu den größten Orgeln Deutschlands. Sehenswert ist auch der mittelalterliche Kreuzgang, der das 1987 eröffnete Dommuseum beherbergt, das jahrhundertealte Messgewänder, Sakralgeräte, Handschriften und kostbare Goldschmiedearbeiten präsentiert. Der Dom ist jedoch nicht nur eine der Hauptsehenswürdigkeiten der Stadt, sondern ein lebendiges Gotteshaus; er ist das größte Kirchengebäude im 1827 gegründeten Bistum Limburg und zählt zu den schönsten Kirchen in ganz Hessen.

Ein bemerkenswertes Ereignis ist das Frankfurter Stadtgeläute, das nur fünfmal im Jahr (Samstag vor dem Ersten Advent, Heiligabend, Karsamstag, Samstag vor Pfingsten und in der Neujahrsnacht) für 30 Minuten erklingt: Dann läuten alle 50 Glocken der zehn Innenstadtkirchen, die sich im Eigentum der Stadt befinden. Das harmonische Zusammenspiel der Glocken ist erstmals für das Jahr 1347 belegt, es gehörte auch zum Eröffnungszeremoniell bei den Königswahlen und gilt heute als besondere touristische Attraktion.

Blick auf den mächtigen Domturm, ein weiteres Wahrzeichen der Mainmetropole.

5 Das bekannteste Rathaus Deutschlands
Der Römer

Zentrum der Altstadt war und ist der Römerberg, einst ein Viertel mit hübschen Fachwerkhäusern, engen Gassen und Brunnen auf kopfsteingepflasterten Plätzen. Bei den schweren Luftangriffen der Alliierten im März 1944 verschwand auch diese historisch gewachsene Bausubstanz, nur ein Bruchteil der steinernen Fassaden blieb stehen. Der Römer ist deutschlandweit eines der bekanntesten Gebäude und das Wahrzeichen der Stadt.

Der Komplex, der als Römer bezeichnet wird und aus mehreren Gebäuden besteht, beherbergt bereits seit dem frühen 15. Jahrhundert das Rathaus. Keimzelle des mittelalterlichen Amtssitzes war der mittlere, namensgebende Bau („Haus zum Römer") der Dreigiebelfassade, an die sich nordwestlich das Haus „Goldener Schwan" anschloss. Erstmals urkundlich erwähnt wurden diese prachtvollen gotischen Patrizierhäuser schon 1322. Mit der Bevölkerungszunahme erweiterte sich im Laufe der Jahrhunderte der Verwaltungssitz, wobei vorhandene Bauten abgerissen oder umgebaut wurden. Das Neue Rathaus im neogotischen Stil entstand in den Jahren um 1900; die markante „Seufzerbrücke" (1904) am Beginn des Paulsplatzes verbindet den Nordbau mit dem Südbau. Schmuckstück des historischen Rathauses mit seinen charakteristischen Treppengiebeln war der Kaisersaal, der zunächst als Versammlungsort des Frankfurter Rats diente und der erstmals 1612 Schauplatz eines glanzvollen Bankettes war – anlässlich der Krönung von Matthias, König von Böhmen (1557–1619), zum Kaiser des Heiligen Römischen Reiches. Das letzte Krönungsmahl in dem einst prunkvoll ausgemalten und holzvertäfelten Festsaal galt Kaiser Franz II. (1768–1835). Mit dem Ende der Kaiser- und Kurfürstenzeit hatte der Raum seine Funktion verloren, in ihm war nun ein Teil der städtischen Bibliothek untergebracht. Der in der Nachkriegszeit rekonstruierte Saal lehnt sich zwar an das Original an, ist jedoch schlichter gestaltet, immerhin enthält er die zwischen 1838 und 1853 angefertigte Galerie aller 52 Kaiser und Könige des Alten Reiches (von Karl dem Großen bis Franz II.) und eine Kopie der Goldenen Bulle von 1356. Auch heute fungiert der Kaisersaal als repräsentativer Ort für besondere Feierlichkeiten. Hier werden Staats- und Ehrengäste empfangen, Orden verliehen und Eintragungen ins Goldene Buch der Stadt vorgenommen. Die Wiedereröffnung des Römers fand im Juni 1955 durch Bundespräsident Theodor Heuss (1884–1963) statt. 2005 erhielt die Dreigiebelfassade ihr weitgehend ursprüngliches Aussehen zurück. Der gesamte Rathauskomplex wirkt monumental-museal, ist aber nach wie vor Amtssitz des Oberbürgermeisters, auch ist im Römer das Standesamt untergebracht. Das ursprünglich um 1600 errichtete und 1951 in schlichter Form wieder aufgebaute Salzhaus, der nordöstlichste Teil des Rathauses, beherbergt im

Zu den bekanntesten Gebäuden in Deutschland gehört der Römer, das historische Rathaus der Stadt

Erdgeschoss die Tourist-Information, für viele Touristen eine erste Anlaufstelle, bevor sie auf Besichtigungstour gehen. Ein weiterer beliebter Treffpunkt und ein ebenso willkommenes Fotomotiv auf dem Römerberg ist der Gerechtigkeitsbrunnen, der einst bei den Kaiserkrönungen als Weinbrunnen für das Volk diente. Bei dem heutigen, 1887 aufgestellten Springbrunnen, der auch Justitiabrunnen genannt wird, handelt es sich um eine detailgetreue Nachbildung des ursprünglich 1611 entstandenen Baus.

6 Vom Judenmarkt zur Gedenkstätte
Der Börneplatz

Der Börneplatz im Osten der Innenstadt gehört zu den geschichtsträchtigsten Orten Frankfurts, hier spiegelt sich die 850-jährige Geschichte der Frankfurter Juden wider. Genauso wechselvoll ist die Platzbenennung und Platzgestaltung: Im Mittelalter hieß er Judenmarkt, da von den Juden als Marktplatz genutzt. 1885 erfolgte die Umbenennung in Börneplatz, zu Ehren des hier geborenen jüdischen Journalisten und Literaturkritikers Ludwig Börne (1786–1837). Unter den Nationalsozialisten erhielt der Platz 1935 den Namen Dominikanerplatz, nach dem einst hier bestehenden Dominikanerkloster. 1978 wurde das Areal erneut in Börneplatz umbenannt und seit Juni 1996, mit Einweihung der Gedenkstätte, heißt das historische Gelände Neuer Börneplatz.

Das Umfeld war geprägt durch jüdisches Leben: Für mehr als drei Jahrhunderte befand sich hier mit der Judengasse das jüdische Ghetto, in der Frühen Neuzeit lebte hier die größte jüdische Gemeinde Deutschlands. In der einst engen, dicht bebauten Judengasse wurde der Kaufmann und Bankier Mayer Amschel Rothschild (1744–1812), Gründer des Bankhauses Rothschild, geboren. Seine Söhne gründeten zwischen Anfang und Mitte des 18. Jahrhunderts Niederlassungen in London, Paris, Wien und Neapel. Im Norden des heutigen Börneplatzes an der Battonnstraße liegt der Alte Jüdische Friedhof. 1180 erstmals erwähnt, ist er nach dem Wormser Heiligen Sand der zweitälteste erhaltene jüdische Friedhof nördlich der Alpen; sein ältester Grabstein stammt aus dem Jahr 1272. Bis zur Eröffnung des Hauptfriedhofes und damit eines neuen jüdischen Friedhofes im Jahr 1828 war er in Gebrauch. Im „Dritten Reich“ sollte die Ruhestätte ausgelöscht werden, 1943 begann das Zerstörungswerk, das aufgrund der Bombardierungen nicht vollendet wurde, und so blieben letztlich ca. 2300 der rund 6500 Grabsteine erhalten. Die Wiederherstellung fand Mitte bis Ende der 1950er-Jahre statt. Auf einem Ehrenfeld im Südwesten des Friedhofes befinden sich die Gedenksteine für bedeutende Persönlichkeiten (u.a. Mayer Amschel Rothschild und Rabbiner).

Teil des historischen Platzes war ferner die 1882 errichtete Börneplatzsynagoge, das geistliche Zentrum der orthodoxen Juden. Der repräsentative Bau im Stil der italienischen Renaissance wurde in der Pogromnacht 1938 mutwillig zerstört. In der Nachkriegszeit wurde der Platz zunächst als Parkfläche genutzt, 1954 mit einer Blumenmarktgroßhalle bebaut, die dann 1985 zugunsten eines Kundenzentrums der Stadtwerke Frankfurt (heute Verwaltungsgebäude der Stadt) abgerissen wurde. Nach langen Diskussionen und Protesten um den Erhalt des jüdischen Erbes wurde 1992 im Untergeschoss des Neubaus das „Museum Judengasse“

Straßenschilder erinnern an die wechselvolle Geschichte des neuen Börneplatzes.

eröffnet; in Eingangsnähe erinnert eine Gedenktafel an die Synagoge. Vier Jahre später wurde in unmittelbarer Nachbarschaft die Gedenkstätte Neuer Börneplatz eingeweiht. Sie besteht aus einem Steinkubus, der von Platanen umgeben ist, und aus metallenen Namensblöcken an der Außenmauer des Friedhofes, die an die annähernd 12.000 Frankfurter Juden erinnern, die während der NS-Zeit ermordet wurden (bis 1933 lebten rund 40.000 Juden in der Stadt, am Ende des Krieges hatten 106 hier überlebt, 900 Selbsttötungen sind überliefert. Die Mehrheit der Frankfurter Juden konnte emigrieren). Teil des Gedenkortes sind auch fünf Straßenschilder, die die verschiedenen Platzbenennungen wiedergeben.

7 Frankfurt wird Wahlstätte der Könige
Die Goldene Bulle

Die Goldene Bulle, benannt nach dem verwendeten goldenen Siegel, war das bedeutendste Gesetz des Heiligen Römischen Reiches. Die meisten Bestimmungen wurden auf dem Nürnberger Hoftag am 10. Januar 1356 unter Kaiser Karl IV. (1316–1378) beschlossen, die restlichen Beschlüsse sind das Ergebnis eines Hoftags in Metz vom Dezember 1356. Das umfassende Verfassungswerk regelte erstmals und endgültig die Modalitäten der Königswahl und bestimmte das zentral gelegene Frankfurt als Ort der Wahl.

Zu den Kurfürsten, denen eine privilegierte Stellung zukam, gehörten fortan die Erzbischöfe von Mainz, Köln und Trier sowie vier weltliche Fürsten: der König von Böhmen, der Herzog von Sachsen, der Pfalzgraf bei Rhein und der Markgraf von Brandenburg. Die detaillierten Regelungen forderten die Unteilbarkeit der Kurlande und machten Aussagen u.a. zur Thronvakanz, zur Nachfolge (Prinzip der Erstgeburt, Vormundschaftsführung), zur Ausübung der Erzämter sowie zum Hofzeremoniell bei Wahl, Krönung (in Aachen) und auf Hoftagen. Der erste Hoftag eines neu gewählten Königs sollte in Nürnberg stattfinden. Zudem erhielten die Kurfürsten bestimmte Vorrechte wie das Münzrecht oder die unbeschränkte Gerichtsbarkeit garantiert.

Nach ihrem Eintreffen in Frankfurt sollten die Kurfürsten in der Bartholomäuskirche nach einer Messe den Wahleid schwören (auch dieser Text war in der Goldenen Bulle verbindlich formuliert), doch auch die Frankfurter Bürger wurden in die Pflicht genommen: Sie mussten schwören, die Kurfürsten und ihr Gefolge zu schützen und Fremden am Wahltag den Zugang in die Stadt zu gewähren. Der Rat der Stadt hatte für Unterbringung, Verpflegung und Brennholz zu sorgen. Zwar war Frankfurt bereits seit Mitte des 12. Jahrhunderts Wahlort der Könige, doch die Goldene Bulle bestätigte diese Funktion endgültig. Die Stadt wurde also aufgewertet, daher ließ sie sich von der kaiserlichen Kanzlei 1366 ein eigenes Exemplar anfertigen, das aus 44 Pergamentblättern besteht und bei jeder Wahl zu Rate gezogen wurde. In deutscher Übersetzung lag das Gesetz 1371 vor; diese Originalhandschrift verbrannte jedoch 1944 bei dem alliierten Bombenangriff (das Original mit dem lateinischen Text war zwei Jahre zuvor an einen sicheren Ort verlagert worden).

Die Goldene Bulle galt bis zum Untergang des Alten Reiches 1806. Bereits seit 1562 hatten in Frankfurt ebenso die Krönungen stattgefunden. Insgesamt 16 römisch-deutsche Könige wurden hier gewählt, zehn von ihnen auch gekrönt. Die erste Wahl nach Inkrafttreten der Goldenen Bulle erfolgte im Juni 1376, als Wenzel von Luxemburg, genannt der Faule (1361–1419), zum König gewählt wurde, die letzte Wahl mit anschließender Krönung fand im Juli 1792 mit Kaiser Franz II. (1768–1835) statt.

Zu Goethes Zeit konnte man die Goldene Bulle im Kaisersaal des Römers bestaunen.

In früheren Zeiten konnte das kostbare Buch gegen eine Gebühr im Kaisersaal des Römers besichtigt werden. Zu den Besuchern des prachtvollen Werkes gehörte auch der junge Johann Wolfgang Goethe (1749–1832), der in seiner Autobiografie „Dichtung und Wahrheit" nicht nur das Geschehen rund um die Königswahl Josephs II. (1741–1790) 1764 beschrieb, sondern auch seinen Eindruck vom Römer wiedergab: „Waren wir einmal im Römer, so mischten wir uns auch wohl in das Gedränge vor den burgemeisterlichen Audienzen. Aber größeren Reiz hatte alles, was sich auf Wahl und Krönung der Kaiser bezog. Wir wussten uns die Gunst der Schließer zu verschaffen, um die neue, heitre, in Fresco gemalte, sonst durch ein Gitter verschlossene Kaisertreppe hinaufsteigen zu dürfen. Das mit Purpurtapeten und wunderlich verschnörkelten Goldleisten verzierte Wahlzimmer flößte uns Ehrfurcht ein … Aus dem großen Kaisersaale konnte man uns nur mit sehr vieler Mühe wieder herausbringen, wenn es uns einmal geglückt war hineinzuschlüpfen; und wir hielten denjenigen für unsern wahrsten Freund, der uns bei den Brustbildern der sämtlichen Kaiser, die in einer gewissen Höhe umher gemalt waren, etwas von ihren Taten erzählen mochte."

Heute dagegen ist die Goldene Bulle für die Öffentlichkeit nicht zugänglich. Das Frankfurter Exemplar ist das einzige, das sich noch heute an seinem ursprünglichen Ort befindet. Es wird vom Institut für Stadtgeschichte im Karmeliterkloster in einem Tresor verwahrt, kann dort allerdings an einer Medienstation bequem virtuell eingesehen werden. Seit 2013 gehören die sieben Exemplare der Goldenen Bulle zum UNESCO-Weltdokumentenerbe.

8 Weltgrößte Verlagsschau
Die Frankfurter Buchmesse

Aufgrund seiner geografisch günstigen Lage entwickelte sich Frankfurt schon im Hohen Mittelalter zu einem europaweit wichtigen Handelsplatz, wie Urkunden aus den Jahren 1074 und 1157 belegen. Die Märkte dauerten mehrere Tage und fanden an kirchlichen Feiertagen statt, daher wurden sie auch „Messen“ genannt.

Auf der Herbstmesse wurden zunächst landwirtschaftliche Produkte gehandelt. Ab 1330, mit einem Privileg Kaiser Ludwigs des Bayern (1282 oder 1286–1347), kam die ebenfalls zweiwöchige Frühjahrsmesse hinzu, auf der Winterprodukte wie Wein und Wolle verkauft wurden. Mit den Unruhen in Folge der Französischen Revolution und der Besetzung des linksrheinischen Deutschlands durch französische Truppen um 1800 nahm Frankfurts Bedeutung als Messestadt ab, der ebenso traditionsreiche Standort Leipzig dagegen konnte profitieren. Erst ab Beginn des 20. Jahrhunderts zog es wieder zahlreiche Besucher zu Ausstellungen an den Main, die in der 1909 vollendeten Messehalle stattfanden. In dieser Festhalle, die bis zu 18.000 Menschen Platz bietet, fanden die ersten spektakulären Automobilmessen und die gleichfalls legendäre Internationale Luftschifffahrtsausstellung von 1909 statt.

Die heutige Messe Frankfurt, 1907 von der Stadt und einigen Bürgern gegründet und seit 1951 in Trägerschaft des Landes Hessen, ist der weltweit größte Messeveranstalter. Rund 150 Ausstellungen jährlich organisiert die Gesellschaft, alleine in Frankfurt auf dem Gelände in Bockenheim und Westend-Süd finden ca. 50 Messen statt. Zur Verfügung stehen elf Hallen mit einer Ausstellungsfläche von rund 370.000 Quadratmetern (nur Shanghai und Hannover haben einen größeren Messeplatz); eigene U- und S-Bahn-Haltepunkte bieten eine gute Erreichbarkeit. Ein markantes Gebäude auf dem Gelände ist, neben der alten Festhalle, das 1984 errichtete Torhaus. Der 1990 eröffnete Messeturm, mit 257 Metern Höhe zweithöchster Wolkenkratzer der Stadt, liegt an der Friedrich-Ebert-Anlage und damit außerhalb des Geländes, er wird nicht zu Ausstellungszwecken genutzt.

Bekannteste und öffentlichkeitswirksamste Messe ist die Buchmesse, die erstmals 1485 und damit wenige Jahre nach Erfindung des Buchdrucks durch den Mainzer Johannes Gutenberg (um 1400–1468) stattfand. Bereits Ende des 16. Jahrhunderts verlor sie jedoch zugunsten der Leipziger Buchmesse an Bedeutung. Die heutige Buchmesse wurde 1949 vom Börsenverein des Deutschen Buchhandels gegründet. Wie keine andere Ausstellung vermittelte sie schon früh internationales Flair, das 1988 gesteigert wurde, da seitdem die Literatur und Kultur eines Gastlandes besonders präsentiert wird. Alljährlich im Oktober treffen in Frankfurt Verleger, Autoren, Lektoren, Buchhändler, Bibliothekare, Übersetzer, Journalisten und Leser aufeinander, um

Das Messegelände in Bahnhofsnähe: links die 1909 eröffnete Messehalle.

Neuerscheinungen sowie aktuelle Software- und Multimediaangebote der mehr als 4000 Aussteller aus über 100 Ländern wahrzunehmen. Neben dem Fachpublikum kommen gerne auch zahlreiche Besucher, annähernd 300.000 Gäste, von den Pandemie-Jahren abgesehen. Höhepunkt der fünftägigen Veranstaltung ist die Verleihung des Friedenspreises des Deutschen Buchhandels. Erstmals 1950 verliehen, ist diese heute mit 25.000 Euro dotierte Auszeichnung einer der bedeutendsten internationalen Friedenspreise. Zu den Geehrten gehören Albert Schweitzer (1951), Astrid Lindgren (1978), Václav Havel (1989), Anselm Kiefer (2008) und Salman Rushdie (2023). Weitere renommierte Preise, die hier alljährlich überreicht werden, sind der Deutsche Buchpreis sowie der Deutsche Jugendliteraturpreis.

Ebenfalls gut besucht und wohl noch beliebter ist die Frankfurter Dippemess, deren Ursprung im 14. Jahrhundert liegt. Bereits im Mittelalter boten hier Händler aus dem Kannenbäckerland (Westerwald) ihre Keramiktöpfe (Dippe) an. Während Haushaltswaren längst verschwunden sind, dominiert auf der Dippemess, die im Frühjahr um Ostern und im Herbst stattfindet, längst das Vergnügen: Autoscooter, Geisterbahn, Wasserrutsche, Riesenrad, weitere Fahrgeschäfte und ein reichhaltiges gastronomisches Angebot sind Bestandteile des ältesten und größten Volksfestes am Main, das einst jedoch einen ganz anderen Charakter hatte.

9 Handel seit Jahrhunderten
Die Börse

Als Ort der ersten Börse gilt Brügge in Westflandern, dort wurden bereits 1409 Güter und Wertpapiere gehandelt. Im 16. Jahrhundert verbreiteten sich derartige Handelsplätze in ganz Europa. In Deutschland wurden die ersten Börsen im heutigen Sinne 1540 in Augsburg und Nürnberg gegründet, der erste Handelsplatz in Frankfurt folgte im September 1585.

Zur Vorgeschichte der Börse gehört der rege Münzwechsel anlässlich der Messen. Angesichts der unüberschaubaren und nicht vergleichbaren Zahlungsmittel legten 84 Kaufleute aus ganz Europa während der Herbstmesse 1585 neun Münzsorten fest. Fand der Münzwechsel zunächst nur während der Messen statt, so etablierte sich die Frankfurter Börse ab etwa 1620 als feste ganzjährige Institution. Ein Kurszettel (1625) sollte Betrug vermeiden und Übersichtlichkeit herstellen. Gehandelt wurde jahrzehntelang vor dem Rathaus, bis 1694 ein Haus am Liebfrauenberg bezogen wurde, an dem der Handel an zwei Tagen in der Woche stattfand. Aufgrund dieser Einrichtung mit ihren verlässlichen Vorgaben und der günstigen Lage entwickelte sich Frankfurt schnell zu einem internationalen Handelsplatz. Mit der Entstehung zahlreicher Banken ab der zweiten Hälfte des 17. Jahrhunderts (zu den ältesten noch heute bestehenden Instituten gehört das 1674 gegründete Bankhaus Metzler) führte die Börse ein Eigenleben, unabhängig von den Messen. Zu Beginn des 18. Jahrhunderts gründeten Vertreter der Kaufmannschaft eine Börsenverwaltung, die sich Münz-, Zoll- und Verkehrsangelegenheiten widmete, Gutachten erstellte und Streitigkeiten schlichtete; aus ihr ging die spätere Handelskammer (1808) hervor. 1845 ließ die Handelskammer, nun Träger der Börse, ein eigenes Handelsgebäude in der Neuen Kräme errichten, das jedoch nach nur drei Jahrzehnten ausgedient hatte. Im Zuge der Industrialisierung war es zur Gründung vieler Aktiengesellschaften gekommen und damit auch zur Zunahme des Börsenhandels. Der neue, noch heute bestehende repräsentative Neubau in der Neustadt entstand nach Plänen der einheimischen Architekten Heinrich Burnitz (1827–1880) und Oskar Sommer (1840–1894) und wurde 1879 eingeweiht. In der Kaiserzeit entwickelte sich Frankfurt zur bedeutendsten Börse in Deutschland. Im März 1944 schwer beschädigt, wurde das Gebäude nach dem Krieg instandgesetzt, sehr schnell nahm der Handelsplatz seine Rolle als Kapitalvermittler wieder auf. Auch tagte hier von Juni 1947 bis Februar 1948 der Wirtschaftsrat der Bizone und dann nochmals, in erweiterter Zusammensetzung, von März 1948 bis September 1949. Das länderübergreifende Gremium erarbeitete eine gemeinsame Wirtschaftsverwaltung. 1988 wurde der Deutsche Aktienindex (DAX) eingeführt, der seit September 2021 die 40 bedeutendsten Aktiengesellschaften enthält. Der traditionsreiche Parketthandel wurde 2011 zugunsten der elektronischen Plattform Xetra eingestellt. Träger der Wertpapier-

Die Frankfurter Börse gehört zu den wichtigsten europäischen Handelshäusern; hier das 1879 eingeweihte Börsengebäude am Börsenplatz.

börse ist die 1992 gegründete Deutsche Börse AG. Vielen Fernsehzuschauern ist das Frankfurter Handelshaus, drittgrößte Börse Europas, bekannt, da einige Sender mehrfach am Tag live aus dem Handelssaal berichten. Ein ebenso viel gezeigtes Motiv steht auf dem Börsenplatz vor dem Gebäude: die Bronzeskulpturen Bulle und Bär, ein Werk des Bildhauers Reinhard Dachlauer (1922–1995), Symbol steigender und fallender Börsenkurse.

10 Mehr als nur ein Möbelstück
Der Frankfurter Schrank

Einst kostbar und begehrt, sind sie heute auf vielen Antikmärkten und bei Auktionen für wenig Geld zu bekommen: die Frankfurter Schränke. Die prachtvollen Originalmöbel stammen aus der Barockzeit und wurden, wie die Bezeichnung verrät, in Frankfurt bzw. der näheren Umgebung hergestellt, bevor sie ihren Siegeszug durch ganz Deutschland antraten. Je nach Verarbeitung dauerte die Herstellung dieser besonderen Handwerkskunst bis zu einem Jahr. Unter dem Namen Frankfurter Schrank sind verschiedene Typen bekannt, so der Wellen- und Nasenschrank, der Säulen-, Pilaster- und Stollenschrank.

Als „Erfinder" der zweitürigen Schränke gilt der Frankfurter Schreinermeister Friedrich Unteutsch (um 1600–1670), der nicht nur ein zweckmäßiges, sondern ein höchst kunstvolles Möbelstück geschaffen hatte, das schnell zahlreiche und variantenreiche Nachahmer fand.

Überwiegend bestehen die Frankfurter Schränke aus Nussbaumfurnier, gelegentlich sind sie auch aus massiver Eiche, Tanne oder Kiefer gefertigt. Mit einer Breite von ca. 2,50 Metern, einer Höhe von etwa 2,50 Metern und einer Tiefe von rund einem Meter sind sie fast quadratisch. Im Gegensatz zu einem „Prahlschrank", der in der Regel Glastüren besitzt und einen Blick auf edles Porzellan und feine Gläser gestattet, wurden (und werden) in gut verschlossenen Frankfurter Schränken vor allem Tisch- und Bettwäsche sowie Kleiderstücke aufbewahrt. Aufgrund ihrer Größe standen sie traditionell jedoch nicht im Schlafzimmer, sondern im Flur oder in einer Halle. Mit ihrer geschickten Platzierung dienten sie der Repräsentation. Je wohlhabender der Haushalt, in denen sie standen, desto aufwendiger und origineller war ihre Verarbeitung. In den Patrizierhäusern und den Palais der Adligen befanden sich Schränke mit kostbaren Intarsien oder filigranem Figurenschmuck und Rankenwerk. Ein solches Prachtexemplar (um 1740) gehörte einst zur Innenausstattung des Palais Thurn und Taxis. Schlichter, dennoch ebenso elegant gestaltet waren die Schränke in bürgerlichen Haushalten. Sie alle jedoch sind dreigeteilt; sie bestehen aus einem Sockelgeschoss mit überwiegend drei Füßen, den Türen und einem Gesims und sie sind so raffiniert konstruiert, dass sie mit wenigen Handgriffen zerlegbar und damit transportabel sind, obwohl sie so wuchtig wirken. Zu bewundern gibt es solche Schränke im Goethe-Haus oder im Römer, wo ein Nasenschrank zur Einrichtung des Standesamtes gehört. Nasenschränke heißen die Möbel, weil für sie auf der Frontseite und den Ecken die nasenförmig hervorstehenden Lisenen (Kanten) typisch sind. Eine weitere Form der Frankfurter Schränke ist der Wellenschrank, so bezeichnet, weil sie aus

Zu den wertvollen Exponaten des Historischen Museums gehört auch dieser prachtvolle Frankfurter Schrank (um 1720).

querfurnierten Profilleisten in Wellenform auf der Schauseite und den Seitenteilen bestehen. Geprägt wird die Oberfläche durch die bewegte Maserung der feinen Nussbaumschicht, die auf einen Nadelholzkern aufgeleimt wurde. Die schwungvolle Form dieser Möbel spiegelt sich auch in der Barock-Architektur wider.

So vielfältig Gestaltung und Holzart sind, so sehr variieren auch die Angebotspreise der Frankfurter Schränke; schlichte Modelle gibt es ab 1000 Euro, für aufwendig gestaltete und mit Edelholz oder gar Elfenbein verzierte Exemplare werden gerne fünfstellige Summen verlangt. Auf jeden Fall ist der Frankfurter Schrank die Zierde einer jeden Wohnung – und des Historischen Museums der Stadt, wo ein Prachtexemplar (um 1720) in der Dauerausstellung zu bestaunen ist.

11 Kunstwerke von höchster Qualität
Die Höchster Porzellanmanufaktur

„Meißen“, „KPM“, „Nymphenburger“, „Rosenthal“ oder „Hutschenreuther“ – das sind allseits bekannte Namen, die für traditionsreiche Porzellanmanufakturen stehen. Doch auch in Höchst wurde und wird edles Porzellan hergestellt. Das hier ansässige Unternehmen ist die zweitälteste Gründung einer Porzellanmanufaktur in Deutschland und die einzige im Bundesland Hessen.

Höchst, seit 1928 ein Stadtteil von Frankfurt, wurde 790 erstmals urkundlich erwähnt. Der Ort gehörte rund 1000 Jahre zu Kurmainz, folglich war es der Mainzer Erzbischof Johann Friedrich Karl von Ostein (1689–1763), der 1746 dem Frankfurter Kaufmann Johann Christoph Göltz und dem aus Meißen stammenden Porzellanmaler Adam Friedrich von Löwenfinck die Gründung einer Manufaktur genehmigte. Der Fürstbischof förderte die Produktion, da diese für seinen Hof repräsentatives Tafelgeschirr herstellte und er damit den Wohlstand seines Landes demonstrieren konnte. Daher wundert es nicht, dass das Mainzer Rad als Markenzeichen auf der Unterseite der Porzellane dargestellt ist. Die Manufaktur besaß die Monopolstellung im gesamten Territorium des Mainzer Erzbischofs. Dank dieser besonderen Stellung hätte Höchst zu einer der führenden Marken in ganz Deutschland werden können, zumal die Lage am Main günstige Voraussetzungen dafür bot, doch Streit innerhalb der Inhaber und mehrere Besitzerwechsel in den Anfangsjahren verhinderten eine Blütezeit, wie sie andere Porzellanhersteller im Spätbarock erlebten. Auch die Umwandlung des Betriebes in eine Aktiengesellschaft (1765–1778) brachte keine Beständigkeit, schließlich übernahm 1784 die Mainzer Hofkammer die Manufaktur, die dann 1796 in Konkurs ging. Auch aufgrund der politischen Unruhen (Besetzung des linksrheinischen Gebietes durch französische Truppen und deren Zerstörungen darüber hinaus) endete die Geschichte der Höchster Porzellanmanufaktur nach nur 50 Jahren. Doch noch heute zählen die dort gefertigten Werke (Speiseservices, Tafelaufsätze, Figuren, Duftgefäße, Vasen etc.) zu den qualitätsvollsten Porzellanen, die je in Deutschland hergestellt wurden. Das auch „weißes Gold“ genannte Porzellan machte auf der fürstbischöflichen Tafel und in den Palais der Adligen den gewünschten Eindruck. Es galt als besonders fein und hart, was wiederum an der besonderen Qualität des eingesetzten Kaolins lag. Dieses Kaolin, wegen seines Vorkommens bei Passau damals „Passauer Erde“ genannt, war selten und kostspielig, was sich folglich auf den Preis der Geschirre und Ziergegenstände auswirkte.

Der gute Ruf von einst mag ausschlaggebend für die Wiederbelebung der Manufaktur nach rund 150 Jahren gewesen sein: 1947 initiierte der Höchster Historiker Rudolf Schäfer (1914–1985) die Neugründung des Unternehmens, das

Liebespaar im Frühling, um 1758, Modell von Johann Friedrich Lück.

in den folgenden Jahren verschiedenen Eigentümern gehörte, u.a. der Hoechst AG und der Dresdner Bank. Aktuell ist die Manufaktur Teil der Hochschule für Gestaltung Offenbach und damit im Eigentum des Landes Hessen. Die Produktion, nun nur noch auf Bestellung möglich, erfolgt im Neuen Porzellanhof, einem denkmalgeschützten Industriebau von 1906 in Höchst. Die anschaulichen Betriebsführungen und der Verkaufsladen in der Palleskestraße gehören leider der Vergangenheit an, doch nach wie vor sind die heutigen Stücke handgefertigte Kunstwerke höchster Qualität. Die größte Sammlung Höchster Porzellan aus kurmainzischer Zeit wird im Historischen Museum Frankfurt präsentiert, wertvolle Stücke der frühen Jahre besitzt ebenso das Landesmuseum Mainz.

12 Vom Abtsgäßchen zur Zwischenstraße
Frankfurter Straßen

Das Frankfurter Stadtgebiet erstreckt sich über annähernd 250 Quadratkilometer, es ist in insgesamt 46 Stadtteile aufgeteilt und besteht aus rund 3400 Straßen und Plätzen. Zwei Drittel aller Straßennamen sind topografisch-ortsbezogen-neutral, sie haben eine reine Orientierungsfunktion. Zu den topografischen Bezeichnungen zählen „Am Hauptbahnhof", „An der Walkmühle", zu den zielpunktbezogenen „Alsfelder Straße", „Wormser Straße", neutrale Namen beiziehen sich auf Flora und Fauna („Dahlienstraße", „Eichhörnchenpfad"). Ein Drittel aller Straßenbenennungen bietet eine historisch-politische Orientierung, damit erfüllen sie eine Erinnerungs- und Repräsentativfunktion.

Im Mittelalter war Gasse die gebräuchliche Bezeichnung von Straßen. Bereits im Jahr 1324 taucht in einer Frankfurter Urkunde die Bendergasse („unter den Bendern") auf. Nicht nur für diese 180 Meter lange Gasse, in der die Bender Gefäße aus Holz herstellten und verkauften, sind über die Jahrhunderte hinweg unterschiedliche Schreibweisen überliefert. Erst ab der Mitte des 19. Jahrhunderts werden neu angelegte Wege als Straßen bezeichnet. Gasse gilt heutzutage eher abwertend und als minderwertig, was sich auch in Bezeichnungen wie Gassenjunge, Gassenbengel oder Gassenhauer widerspiegelt. Dennoch haben sich gerade in der Altstadt folgende Straßennamen erhalten: Blauhandgasse, Elefantengasse, Sandgasse, noch kleinere Wege heißen bzw. hießen Gässchen (Schärfengäßchen, Scharngäßchen). Vielfach sind die noch heute vorhandenen Gassen, Straßen und Plätze Jahrhunderte alt und nach Toren, Türmen, Kirchen oder Klöstern benannt: Dominikanergasse, Karmelitergasse, An der Marienkirche, Liebfrauenberg, Paulsplatz. Üblich war ebenso die Benennung nach Berufen und Zünften (Kannengießergasse, Leinwebergasse, Seilerstraße). Einige Straßenbezeichnungen (Großer Hirschgraben, Miquelallee, Taunusanlage, Zeil) sind überregional bekannt, andere tragen kuriose Namen (Däumling, Hinter dem Lämmchen, Im Teller, Katzenpforte, Schönwetterstraße).

Eine Vielzahl von Neubenennungen erfolgte mit der Stadterweiterung im letzten Drittel des 19. Jahrhunderts. Hatten die Straßen oft einen kirchlichen Bezug oder waren nach Herrschern, Gebirgen und Flüssen benannt, wurden sie nun zunehmend bekannten Schriftstellern, Politikern, Erfindern, Generälen oder Wissenschaftlern gewidmet (Schiller, Bismarck, Moltke, Gutenberg, Robert Koch). Abhängig war und ist die Namensgebung von Straßen vom herrschenden Zeitgeist, von politischen Machtverhältnissen und ebenso von der städtebaulichen Entwicklung. Da die Wertschätzung historischer Personen und Ereignissen oftmals vom jeweiligen Zeitgeist abhängig ist, geraten

Straßenschilder in der Frankfurter Altstadt.

Neubewertungen und daraus folgende Umbenennungen schnell zu einem Politikum. Eine erste Umbenennung erfolgte 1933, mit dem Machtantritt der Nationalsozialisten. Kaum im Amt, wurde auch in Frankfurt ein Platz nach Adolf Hitler benannt (heutige Gallusanlage), die Namen anderer NS-Funktionäre und NS-Märtyrer gelangten ebenso auf ein Straßenschild. So hieß ab 1933 der frühere Theaterplatz, dann ehemalige und heutige Rathenauplatz nach Horst Wessel. Doch genau so schnell verschwanden diese Namen nach dem 8. Mai 1945. Eine weitere Umbenennung von Straßen, die nicht dem Wertewandel der Gesellschaft geschuldet war, erfolgte im Zusammenhang mit den zahlreichen Eingemeindungen (im Stadtgebiet sollte es keine Straßennamen doppelt geben).

Zuständig für die Benennung ist der Stadtrat, das Vorschlagsrecht haben aber ebenso Bürger, Heimatvereine oder Initiativen. Rund 1100 Frankfurter Straßen sind heute nach Persönlichkeiten benannt, mehr als 900 ehren Männer, etwa 80 sind nach Frauen benannt, rund 100 nach Familien, Geschwistern oder Ehepaaren. Dazu zählen deutschlandweit bekannte Persönlichkeiten (Robert Bosch, Ricarda Huch) und solche, die hier geboren oder verstorben sind oder in Frankfurt gewirkt haben (Heinrich Bingemer, Adalbert Hengsberger, Bertha Bagge, Lia Wöhr).

Zur Orientierung trugen markante Häuser im Mittelalter besondere Namen („Zum Römer", „Haus Silberberg", „Goldene Waage", „Haus Wertheim"), eine erste Hausanschrift wurde während des Siebenjährigen Krieges (1756–1763), als Frankfurt vorübergehend durch französische Truppen besetzt war, von François Graf de Théas von Thoranc (1719–1794), dem Leiter der städtischen Zivilverwaltung, eingeführt. Die heute übliche Nummerierung der Häuser erfolgte ab 1847 nach Pariser Vorbild, nur die Häuser an einseitig bebauten Straßen (Mainkai, Schöne Aussicht) werden durchnummeriert.

13 Frankfurt
Die Goethe-Stadt

Weimar nennt sich zu Recht die Goethe-Stadt, immerhin hat der Autor und Minister von Ende 1775 bis zu seinem Tod im März 1832 in der thüringischen Residenzstadt gelebt. Doch geboren wurde Johann Wolfgang Goethe in Frankfurt. Im Großen Hirschgraben, inmitten der Altstadt, steht sein stattliches Geburtshaus, in dem er prägende Jahre mit seinen Eltern Johann Caspar Goethe (1710–1782) und Catharina Elisabeth (1731–1808) sowie seiner Schwester Cornelia (1750–1777) verbrachte.

In seinen Lebenserinnerungen „Dichtung und Wahrheit“ schreibt Goethe rückblickend: „Am 28. August 1749, mittags mit dem Glockenschlage zwölf, kam ich in Frankfurt am Main auf die Welt … Wir hatten die Straße, in welcher unser Haus lag, den Hirschgraben nennen hören; da wir aber weder Graben noch Hirsche sahen, so wollten wir diesen Ausdruck erklärt wissen. Man erzählte sodann, unser Haus stehe auf einem Raum, der sonst außerhalb der Stadt gelegen, und da, wo jetzt die Straße sich befinde, sei ehemals ein Graben gewesen, in welchem eine Anzahl Hirsche unterhalten worden. Man habe diese Tiere bewahrt und genährt, weil nach einem alten Herkommen der Senat alle Jahre einen Hirsch öffentlich verspeist, den man denn für einen solchen Festtag hier im Graben immer zur Hand gehabt … Dies gefiel uns sehr, und wir wünschten, eine solche zahme Wildbahn wäre auch noch bei unsern Zeiten zu sehen gewesen.“

1795 verkaufte Goethes Mutter das große Anwesen, das mehrere Besitzerwechsel erlebte, bis es 1859 vom Freien Deutschen Hochstift, einem Verein Frankfurter Bürger, erworben und als Gedenkstätte eingerichtet wurde. Im März 1944, an Goethes 112. Todestag, wurde das Haus wie die Umgebung durch alliierte Fliegerbomben stark beschädigt. Bereits in der unmittelbaren Nachkriegszeit fand die originalgetreue Rekonstruktion statt, sodass das Goethe-Haus bereits 1951 wieder eröffnet werden konnte. Es bietet heute einen anschaulichen Einblick in die häusliche Welt, in der der junge Goethe aufwuchs, und es gehört zu den am meisten besuchten Museen der Stadt. An den berühmten Sohn der Mainmetropole erinnert auf dem Goetheplatz das ihm bereits 1844 gewidmete Denkmal, das den Dichter überlebensgroß zeigt. Die fast sieben Meter hohe Bronzefigur steht auf einem mit Reliefs verzierten Sockel und stammt von dem Münchner Bildhauer Ludwig Schwanthaler (1802–1848). Ursprünglich von einem Gitter umgeben, war es das erste Goethedenkmal überhaupt. Ebenfalls gegen Ende des Zweiten Weltkrieges zerstört, dann restauriert, stand das Denkmal jahrelang in der Gallusanlage, bis es an Goethes Geburtstag 2007 erneut auf dem Goetheplatz aufgestellt wurde. Auch der 43 Meter hohe Goetheturm im Stadtwald bei Sachsenhausen gilt der Verehrung des Dichters.

Das Goethe-Denkmal (1844) war einst von einem Gitter umgeben.

Er wurde 1931 und damit im Vorfeld von Goethes 100. Todestag errichtet und war mit seinen 196 Stufen mehrere Jahrzehnte der höchste öffentlich zugängliche Holzbau. 2017 durch Brandstiftung komplett zerstört, fand die Eröffnung des originalgetreu rekonstruierten Nachfolgeturms 2020 statt. Selbstverständlich besteht auch in Frankfurt eine Goethestraße, von denen es in ganz Deutschland mehr als 2000 gibt (hinzu kommen Goetheallee, Goetheweg, Goetheplatz, Johann-Wolfgang-von-Goethe-Straße). Die 1892 angelegte Goethestraße verbindet den Goetheplatz mit dem Opernplatz und gilt als die Luxuseinkaufsmeile der Stadt. Eine weitere Würdigung Goethes befindet sich im Frankfurter Westend, dort gehört das 1897 gegründete Goethe-Gymnasium zu den ältesten weiterführenden Schulen der Stadt. Nur wenige Jahre jünger ist die Johann Wolfgang Goethe-Universität, die 1914 als Königliche Universität zu Frankfurt gegründet wurde und die seit 1932 ihren heutigen Namen trägt. Dem Andenken Goethes gewidmet ist ferner der 1927 von der Stadt gestiftete Goethepreis, der alle drei Jahre am 28. August verliehen wird und derzeit mit 50.000 Euro dotiert ist. Zu den Preisträgern dieser renommierten Auszeichnung gehören Albert Schweitzer (1928), Ricarda Huch (1931), Thomas Mann (1949), Carlo Schmid (1967), Marcel-Reich-Ranicki (2002) oder Barbara Honigmann (2023). Außerdem nannte sich zwischen 1987 und 2007 ein Eurocity, der zwischen Frankfurt und Paris verkehrte, nach Goethe.

14 Fürs Vaterland gefallen
Das Hessendenkmal

Die Erinnerung an einzelne Soldaten findet sich auf deutschem Gebiet erstmals mit dem 1793 errichteten Hessendenkmal. Es erinnert an jene Männer aus Hessen und Preußen, die am 2. Dezember 1792 beim siegreichen Sturm auf die von der französischen Revolutionsarmee besetzte Stadt zu Tode kamen.

Neu für das 19. Jahrhundert, insbesondere für die zweite Hälfte, war die „Demokratisierung" der Erinnerungskultur. Zwar hatte bereits der sächsische Offizier Hans-Friedrich von Fleming in seiner 1726 erschienenen Schrift „Der vollkommene teutsche Soldat" ein Verbot der bislang üblichen Leichenplünderung und eine würdige Bestattung der gefallenen Soldaten gefordert, ein Stein wurde jedoch allenfalls erfolgreichen Heerführern gesetzt, die auch nach dem Tode als bedeutende Person der Geschichte in der allgemeinen Erinnerung bleiben sollten, nicht aber den gewöhnlichen toten Soldaten. Söldner und auf den Kriegsschauplätzen Gefallene waren bisher nicht bestattungs-, erst recht nicht „denkmalswürdig". Sie blieben auf dem Schlachtfeld liegen, wurden vielleicht auf einem Scheiterhaufen verbrannt, allenfalls in einem Massengrab beigesetzt. Diese Praxis war jahrhundertelang üblich, auch wenn sie der christlichen Nächstenliebe widersprach.

Die Erinnerung an einzelne Soldaten ist eine Folge der Aufklärung und der Französischen Revolution und findet sich auf deutschem Gebiet erstmals mit dem bereits 1793 errichteten Hessendenkmal an der Friedberger Landstraße. Gestiftet vom preußischen König Friedrich Wilhelm II. (1744–1797), erinnert es an jene Männer aus Hessen und Preußen, die am 2. Dezember 1792 beim siegreichen Sturm auf die von der französischen Revolutionsarmee besetzte Stadt zu Tode kamen. Französische Soldaten unter Divisionsgeneral Adam-Philippe de Custine (1740–1793), der bereits ab Anfang Oktober 1792 Speyer, Worms und Mainz hatte besetzen und plündern lassen, eroberten am 23. Oktober Frankfurt und forderten von den Bewohnern hohe Abgaben.

Die Widmungsinschrift des Denkmals, das von dem aus Kassel stammenden Bildhauer und Architekten Johann Christian Ruhl (1764–1842) gestaltet wurde, lautet: „Friedrich Wilhelm von Preussen den edlen Hessen, die im Kampf fürs Vaterland hier siegend fielen." Das Motto des Monuments heißt: „Verteidigung gründet auf Stärke." In seiner Darstellung wirkt es nicht wie ein Heldendenkmal, denn die Symbole der Verteidigung (Widder, Helm, Schild und Keule des Herkules) vermitteln eher Erleichterung darüber, dass das Töten beendet ist. Das Symbol der Stärke ist der auf den Basaltblöcken ruhende Marmorwürfel, der seinerseits für das trügerische Kriegsglück steht. Auch wenn diese Gefallenen noch keine eigenen Gräber erhielten, sind doch ihre Namen auf dem Hessendenkmal verzeichnet, unter ihnen Oberst Prinz Karl von Hessen-Philippsthal

Das Hessendenkmal (1793) an der Friedberger Landstraße ist Offizieren, Unteroffizieren und einfachen Soldaten gewidmet.

(1757–1793), je sechs Offiziere und Unteroffiziere, ein Tambour (Militärtrommler) und 41 Grenadiere. Der landgräfliche Prinz war Kommandeur eines Hessen-Kasselschen Grenadierbataillons, der an den Folgen einer Verletzung starb, die er sich am 2. Dezember 1792 bei der erfolgreichen Befreiung Frankfurts zugezogen hatte. Sein Gegenspieler Custine kam nur ein halbes Jahr später zu Tode; wegen militärischer Fehlentscheidungen und Eigenmächtigkeiten wurde er in Paris guillotiniert. 1787/88, also vor Ausbruch der Französischen Revolution, hatte übrigens der Gestalter des bemerkenswerten Denkmals eine Fortbildung bei dem bedeutenden Bildhauer Augustin Pajou (1730–1809) in Paris absolviert.

1844 übernahm der preußische König Friedrich Wilhelm IV. (1795–1861) die Kosten für die Sanierung des Bauwerks, das 1970 im Zuge einer neuen Verkehrsführung um einige Meter versetzt wurde und seitdem im öden Abseits steht.

15 Sitz des Bundestags
Palais Thurn und Taxis

Unter Bundestag verstehen wir heutzutage den in Berlin tagenden Deutschen Bundestag, die aus rund 700 Parlamentariern bestehende Volksvertretung, die in der Regel alle vier Jahre neu gewählt wird. In der deutschen Geschichte gab es schon einmal eine ähnliche Institution mit derselben Bezeichnung: den Bundestag in Frankfurt.

Das auch Bundesversammlung genannte ständige Gremium bestand aus Delegierten der Mitgliedsstaaten des 1815 auf dem Wiener Kongress gegründeten Deutschen Bundes. Die Vertreter der 35 einzelnen Fürstenstaaten (u.a. Kaiserreich Österreich, Königreich Preußen, Königreich Bayern, Großherzogtum Hessen-Darmstadt, Großherzogtum Baden, Fürstentum Schaumburg-Lippe) und der vier freien Städte (Hamburg, Bremen, Lübeck, Frankfurt) tagten ab 1816 (mit einer Unterbrechung von 1848 bis 1850) bis zur Auflösung des Deutschen Bundes 1866 in Frankfurt, und zwar im Palais Thurn und Taxis.

Das dreiflügelige Barockschloss entstand zwischen 1731 und 1739 im Auftrag des Fürsten Anselm Franz von Thurn und Taxis (1681–1739), der zu dieser Zeit als Generalerbpostmeister Leiter der Kaiserlichen Reichspost war. Baumeister war der französische Architekt Robert de Cotte (1656–1735), Bauleiter war Guillaume d'Hauberat (1680–1749), der in jenen Jahren die Bauarbeiten am Mannheimer Schloss beaufsichtigte. Die prachtvolle Innengestaltung übernahmen der Bildhauer und Stuckateur Paul Egell (1691–1752) sowie der Schweizer Kunstmaler Luca Antonio Colomba (1674–1737). Mittelpunkt der bemerkenswerten Anlage war das Corps de Logis, der zweigeschossige Hauptbau mit einem zentral gelegenen Kuppelbau, einer imposanten Vorhalle, der Hauskapelle und einem eigenen Theater. Eindrucksvoll gestaltet waren ebenso die Portalbauten und die von einem Rundbogen überspannte Toreinfahrt. Zum Anwesen gehörte eine große Reithalle und selbstverständlich ein Garten mit Rundtempel und Figurenschmuck.

Ab der zweiten Hälfte des 18. Jahrhunderts befand sich hier der Hauptsitz der von der Familie Thurn und Taxis betriebenen Reichspost. 1805 wurden dem Fürstprimas Karl Theodor von Dalberg (1744–1817) Teile des Palais als Residenz zur Verfügung gestellt. Dalberg, letzter Erzbischof von Mainz, Fürst des neu geschaffenen Fürstentums Aschaffenburg und des neuen Fürstentums Regensburg, war Vorsitzender des 1806 gegründeten Rheinbundes und Großherzog des kurzlebigen Großherzogtums Frankfurt. Dieses bestand zwischen 1810 und 1813 und hatte eine Fläche von rund 5000 Quadratkilometern. In diesem Territorium lebten etwa 300.000 Menschen, verteilt auf die Departements Frankfurt, Hanau, Aschaffenburg und Fulda (auch Wetzlar als Exklave gehörte dazu). Nach dem Ende der Napoleonischen Herrschaft und der territorialen Neuordnung Europas (1815)

Umrahmt von Hochhäusern erinnert die Rekonstruktion an das historische Palais von Thurn und Taxis.

tagten hier an der Großen Eschenheimer Straße die Vertreter des Deutschen Bundestages. 1895 verkaufte die Familie von Thurn und Taxis, die seit fast 150 Jahren in Regensburg residierte, das Palais an die Deutsche Reichspost, zehn Jahre später übernahm die Stadt Frankfurt das architektonische Schmuckstück und eröffnete hier 1908 das Völkerkundemuseum. Mit jedem Nutzerwechsel wurde der Bau seiner ursprünglichen Pracht beraubt, Räume zweckentfremdet und verändert, der insgesamt 14 Meter hohe Kuppelsaal war der einzige Raum, der bis zur Zerstörung des Schlosses 1943/44 weitgehend im Originalzustand erhalten geblieben war. Statt eines Wiederaufbaus wurde das beschädigte Palais beseitigt, 1952 wurde an seiner Stelle das (2004 abgerissene) Fernmeldehochhaus in Betrieb genommen. Mit der völligen Neugestaltung dieses Areals (Palastquartier) zwischen 2004 und 2010 entstand hier eine verkleinerte Rekonstruktion des Palais Thurn und Taxis. Das Gebäude, das tatsächlich einige original erhaltene Sandsteinornamente der ehemaligen Torhäuser enthält, wirkt historisch, ist aber ein moderner und zweckmäßiger Stahlbetonbau unserer Tage, der einen Veranstaltungsbereich, Gastronomie und Einzelhandelsgeschäfte enthält. Immerhin erinnern dieser Bau und der neu angelegte Thurn-und-Taxis-Platz an ein wichtiges Stück Stadtgeschichte.

16 Einst so bekannt wie Goethe
Friedrich Stoltze

Vielen Frankfurtern ist er noch ein Begriff, zumal es ein paar sichtbare Erinnerungen an ihn gibt, doch außerhalb der Stadtgrenzen ist er so gut wie vergessen: der Dichter Friedrich Stoltze, 1816 in der Frankfurter Altstadt geboren und 1891 hier verstorben.

Seine Eltern Friedrich Christian (1783–1833) und Anna Maria Stoltze (1789–1868) führten in Domnähe das bekannte Gasthaus „Zum Rebstock" und betrieben dort einen Mineralwasserhandel. In den 1830er-Jahren war das traditionsreiche Wirtshaus ein beliebter Treffpunkt der Frankfurter Liberalen. Schon als junger Mann wurde Friedrich Stoltze vertraut gemacht mit einer politischen Gesinnung, die im Gegensatz zur Obrigkeit stand, auch wurde er früh konfrontiert mit den restriktiven Maßnahmen des „Systems Metternich". Da im „Rebstock" Exilpolen logierten, war er Zeuge von Hausdurchsuchungen und Verhaftungen. Ein weiteres prägendes Erlebnis in seiner Jugend war die Teilnahme am Hambacher Fest im Mai 1832. Die dort geäußerten Forderungen nach nationaler Einheit, Freiheit und Volkssouveränität waren fortan die Leitideen seines publizistischen Wirkens. Schon als Konfirmand hatte Stoltze geistliche Lieder und Naturlieder verfasst, doch auf Geheiß des Vaters eine kaufmännische Lehre begonnen, die er zwischen 1838 und 1840 in Paris und Lyon fortsetzte. Gerne erweiterte er seinen Horizont in der Ferne und außerhalb seiner Gesellschaftsschicht. So war er auch Sekretär des Bankiers Amschel Mayer von Rothschild (1773–1855) in der Fahrgasse und lernte über diesen die führenden Männer der Stadt kennen. In Folge der gescheiterten Nationalversammlung nahm er als Freischärler mit Pfälzischen Revolutionären im Juni 1849 am Gefecht gegen preußische Truppen bei Kirchheimbolanden teil; seine Erlebnisse verarbeitete er literarisch („Skizzen aus der Pfalz"). Wenige Wochen zuvor hatte er in der Katharinenkirche die katholische Mary Messenzehl (1826–1884) geheiratet; es war die erste Mischehe in Frankfurt, die in einer evangelischen Kirche geschlossen wurde. Zu jedem Anlass hatte Stoltze einen passenden Spruch parat, so auch hier: „Ein Pfarrer hat uns zwar getraut, doch luth'risch-diabolisch. Und Gott war nicht davon erbaut, denn Gott ist streng katholisch. Und was mich ganz besonders beugt, denn es verdiente Hiebe: Die Kinder all, die wir erzeugt, sind Kinder, ach, der Liebe!"

Nachdem er seine Familie vor allem mit Gelegenheitsgedichten finanziert hatte, bot ihm die redaktionelle Mitarbeit bei Zeitschriften ab Ende 1849 („Volksblatt für Rhein und Main", „Frankfurter Sonntagsblatt", „Frankfurter Krebbel- und Warme-Broedscher Zeitung") mehr wirtschaftliche Sicherheit. Großen Erfolg hatte er mit der 1860 von ihm gegründeten Zeitung „Frankfurter Latern". Zu den Illustratoren dieser politisch-satirischen Wochenzeitung nach Vorbild des Berliner „Kladderadatsch" gehörten Albert Hendschel

Der Stoltzebrunnen (1895) auf dem Hühnermarkt erinnert an den Dichter Friedrich Stoltze.

(1834–1883) und Wilhelm Busch (1832–1908). Beliebt war die Zeitung mit ihren antipreußischen Artikeln, weil Stoltze in jeder Nummer den Frankfurter Kleinburger Hampelmann in Mundart Stellung zu einem aktuellen politischen Thema nehmen ließ. Die preußische Annexion Frankfurts bedeutete das vorübergehende Ende der „Frankfurter Latern" und die Flucht Stoltzes in die Schweiz. Nach seiner Amnestie kehrte er zurück und verlegte zunächst die neue Zeitung „Der wahre Jacob", ab 1872 auch wieder die „Frankfurter Latern", die er bis zu seinem Tod herausbrachte. Mit seinen bissigen Texten und kritischen Kommentaren wusste er geschickt den Zeitgeist zu bedienen. In Frankfurt erinnern die Stoltzestraße, der 1895 eingeweihte Stoltze-Brunnen (seit 2017 auf dem Hühnermarkt) und das Stoltze-Museum (seit 2019 im Haus „Weißer Bock") an den Mundart-Dichter, der zu seiner Zeit so populär war wie Goethe. Außerdem wird sein Werk gewürdigt mit dem seit 1978 vergebenen Friedrich-Stoltze-Preis und der seit 1985 verliehenen Auszeichnung „Frankfurter Latern". Friedrich Stoltzes bekanntestes Gedicht ist seiner Geburtsstadt gewidmet:

Frankfurt

Es is kaa Stadt uff der weite Welt,
die so merr wie mei Frankfort gefällt,
un es will merr net in mein Kopp enei:
wie kann nor e Mensch net von Frankfort sei!?

17 Einer der ältesten Chöre Deutschlands
Der Cäcilien-Verein

Die erste Hälfte des 19. Jahrhunderts war durch eine restriktive Politik geprägt. Das im 1815 gegründeten Deutschen Bund geltende und nach dem österreichischen Staatskanzler Klemens Fürst von Metternich (1773–1859) benannte „System Metternich" unterdrückte die uns heute selbstverständlichen Rechte wie Presse-, Meinungs- und Versammlungsfreiheit. Zwar wurde die politische Freiheit eingeschränkt, doch auch in Frankfurt gewann das Bürgertum an Bedeutung, es entwickelte sich zu einem wirtschaftlichen und gesellschaftlichen Akteur.

So entstand 1816 die „Polytechnische Gesellschaft" zur Beförderung nützlicher Künste, 1817 die „Senckenbergische Naturforschende Gesellschaft", und 1818 scharte Johann Nepomuk Schelble (1789–1837) einen privaten Singkreis um sich. Daraus ging 1821 der Cäcilien-Verein zur Förderung der klassischen Musik hervor. Benannt nach der Schutzheiligen der Kirchenmusik ist er heute als Cäcilienchor bekannt. Schelble, von Beruf Sänger und ausgebildeter Komponist, war 1814 an der Hofoper in Wien engagiert, 1816 ging er nach Berlin. Dort lernte er die Berliner Sing-Akademie kennen, die 1791 von Carl Friedrich Christian Fasch (1736–1800) gegründet worden war und sich der Pflege des musikalischen Werks Johann Sebastian Bachs (1685–1750) widmete. Die Sing-Akademie ermöglichte dem bürgerlichen Publikum den Zugang und die Beschäftigung mit Musik aus vergangener Zeit.

1816 erhielt Schelble in Frankfurt ein Engagement als Tenor. Er überzeugte etwa 30 musikalisch Interessierte von der Idee der Sing-Akademie, Chorwerke zu studieren und sie im privaten Kreis aufzuführen. Am Cäcilientag, dem 22. November 1818, wurde Schelbles Kantate zur Feier des Cäcilientages aufgeführt. Am 30. Januar 1819 erklang Mozarts Requiem, und das erste Vereinsjahr schloss mit der Aufführung von Mozarts Messe in F-Dur mit 70 Sängern in der St.-Leonhards-Kirche. Neben Schelble war es vor allen Dingen die Künstlerin (und Muse Goethes) Marianne von Willemer (1784–1860), die sich um das Zustandekommen des Vereins bemühte. Auch sonst ist die Vereinsgeschichte mit vielen großen Namen der Musikgeschichte verbunden.

1823 bestellte der Cäcilien-Verein, neben acht fürstlichen Bestellern, die Abschrift der „Missa Solemnis", die Ludwig van Beethoven (1770–1827) zu 50 Dukaten anbot. Teile daraus wurden ab 1827 aufgeführt, das vollständige Werk erst 1867.

Ein besonderer Glücksfall war die Freundschaft Schelbles mit Felix Mendelssohn Bartholdy (1809–1847). Mendelssohn hatte 1828 Bachs Matthäuspassion wiederentdeckt und Schelble eine Abschrift zugeschickt. Mendelssohn führte das Werk im März 1829 in der Sing-Akademie in Berlin auf, am 2. Mai 1829 folgte in Frankfurt unter Schelbles Leitung die Aufführung der Matthäuspassion als 50. Konzert des

Titel der Festschrift „100 Jahre Cäcilien-Verein“ (1918).

Hundert Jahre Cäcilien-Verein

in kurzer Fassung zusammengestellt nach den in dem Archiv des Vereins niedergelegten Protokollen und Schriftstücken

Frankfurt am Main - 1918 Druck von Johannes Schrodt

Vereins. Der Dirigent sang dabei selbst die Partie des Evangelisten. Solche Pioniertaten trugen maßgeblich dazu bei, Bachs Musik einem breiten Publikum näher zu bringen. Schon im Jahre 1828 hatte sich Schelble an die Aufführung der h-Moll-Messe von Bach gewagt, 30 Jahre später folgte in Frankfurt die erste Aufführung des Weihnachtsoratoriums.

Mendelssohn widmete dem Cäcilien-Verein das Oratorium „Paulus“. Im „Paulus“ klingt die Tradition Bachs und Händels nach, das Werk spiegelt aber auch den säkularen Zeitgeist. Die Geschichte des Konvertiten Paulus hat Mendelssohn wohl auch aus biografischen Gründen gereizt. Der „Paulus“ wurde 1836 in Düsseldorf uraufgeführt und am 24. April 1837 in Frankfurt gespielt.

Das „Verzeichnis der Aufführungen des Cäcilien-Vereins zu Frankfurt am Main“ von 1818 bis 1918 weist stolze 87 Komponisten auf. Von den Komponisten des 19. Jahrhunderts ragen zwei Namen heraus: Robert Schumann (1810–1856) ist mit 29 aufgeführten Werken vertreten, Johannes Brahms (1833–1897) mit 21 Werken.

Carl Orff (1895–1982) ist durch sein wohl populärstes Werk mit dem Cäcilien-Verein verbunden. Er vertonte Teile einer mittelalterlichen Textsammlung aus dem bayerischen Kloster Benediktbeuern unter dem Titel „Carmina Burana“. Die Uraufführung der „Carmina Burana“ fand im Juni 1937 an der Frankfurter Oper im Rahmen des (letzten) Musikfests des „Allgemeinen deutschen Musikvereins“ statt. Der vielfach ausgezeichnete Cäcilienchor ist nicht nur einer der ältesten und renommiertesten Chöre Deutschlands, mit seinen rund 60 Mitgliedern gilt er auch als besonderes Aushängeschild der Frankfurter Kultur.

18 Präsent bis heute
Die Mäzene Senckenberg und Städel

Mit dem Senckenberg Museum und dem Städel sind in Frankfurt zwei deutschlandweit bedeutende Kultureinrichtungen ansässig, deren Namensgeber jedoch weitgehend unbekannt sind. Bei Johann Christian Senckenberg (1707–1772) und Johann Friedrich Städel (1728–1816) handelt es sich um in Frankfurt geborene und hier verstorbene Träger der Gesellschaft, die bereits zu Lebzeiten als Mäzene gewirkt haben.

Senckenberg war, wie bereits sein Vater, Arzt, zu seinen Patienten gehörte auch Wilhelm VIII., Landgraf von Hessen-Kassel (1682–1760). Zudem wirkte er im Auftrag der Stadt für die öffentliche Gesundheitsvorsorge, nahm also Aufgaben wahr, für die heute das Gesundheitsamt zuständig ist. Wie sehr Senckenberg unter den medizinischen Bedingungen seiner Zeit litt, zeigt sich daran, dass seine drei Frauen und zwei Kinder in jungen Jahren verstarben. Ohne Nachkommen, gründete er 1763 die Dr. Senckenbergische Stiftung, die dem Wohl der Allgemeinheit nützen sollte. Mit dem Stiftungsvermögen sollten konkret die Gesundheitspflege der Einwohner und die Versorgung der mittellosen Kranken gewährleistet werden. Diese ehrenvolle Stiftung war der Grundstein des 1779 eröffneten Bürgerhospitals (damals in Nähe des Eschenheimer Tors, seit 1903 an der Nibelungenallee ansässig). Diese Einrichtung war nicht, wie sonst üblich, eine Verwahranstalt bis zum Tod, sondern ihr Schwerpunkt lag auf der Heilung der Patienten. Aus seinem weiteren Vermögen wurden ebenso die Senckenbergische Anatomie, das Institut für Geschichte der Medizin, eine Bibliothek und der erste Botanische Garten errichtet. 1817 und damit 45 Jahre nach Senckenbergs Tod gründete der Anatom Philipp Jakob Cretzschmar (1786–1845) mit weiteren Gelehrten einen Verein, den

Johann Friedrich Städel (1728–1816), Büste von Johann Nepomuk Zwerger (1796–1868), 1829.

sie in Würdigung der Verdienste Senckenbergs „Senckenbergische Naturforschende Gesellschaft“ nannten; aus dieser wiederum ging das 1821 eröffnete Senckenberg Naturkundemuseum hervor.

Ebenfalls ohne direkte Nachkommen war Johann Friedrich Städel, der aus einem wohlhabenden Elternhaus stammte und der mit Gewürzhandel und als Bankier sein Vermögen mehren konnte. Der kunstinteressierte Städel, der in einem stattlichen Haus am Roßmarkt lebte, sammelte Gemälde, Kupferstiche und Zeichnungen europäischer Künstler des 17. und 18. Jahrhunderts. Testamentarisch hatte er die Gründung einer Kunststiftung und einer Kunstschule verfügt. Daraus gingen das Städelsche Kunstinstitut und die Städelschule (heutige Kunsthochschule) hervor. Zunächst war die Kunstsammlung in des Stifters Haus am Roßmarkt öffentlich zugänglich, ab 1833 in einem Gebäude an der Neuen Mainzer Straße, der heutige prachtvolle Museumsbau am Schaumainkanal wurde 1878 bezogen. Mit über 3000 Gemälden vom 14. Jahrhundert bis zur zeitgenössischen Kunst, über 100.000 Grafiken und Zeichnungen sowie mehr als 5000 Fotografien und zahlreichen Skulpturen gilt das Städel Museum als eines der führenden Kunstmuseen Europas, das immer wieder mit Sonderausstellungen für Furore sorgt. Zu der exzellenten Sammlung gehören bekannte Darstellungen von Albrecht Dürer (1471–1528), Lucas Cranach d. Ä. (1472–1553), Rembrandt (1606–1669) und Francisco de Goya (1746–1828) sowie Johann Heinrich Wilhelm Tischbeins (1751–1829) berühmtes Gemälde „Goethe in der Campagna“ von 1787.

Nicht minder bedeutend ist die ebenfalls 1817 gegründete Städelschule (Staatliche Hochschule für Bildende Künste), deren Hauptsitz in der Dürerstraße und damit in unmittelbarer Nachbarschaft zum Städel Museum liegt.

Mit ihren wohltätigen Stiftungen haben Johann Christian Senckenberg und Johann Friedrich Städel sich selbst ein Denkmal gesetzt, zudem waren sie ein Vorbild für bürgerschaftliches Engagement.

Johann Christian Senckenberg (1707–1772), Büste von Friedrich August von Nordheim (1813–1884), 1863.

19 Pyramiden, Säulen und Mausoleen
Der Hauptfriedhof

Mit Eröffnung im Jahr 1828 löste der neue kommunale Hauptfriedhof die bisherigen innerstädtischen, überwiegend konfessionell geprägten Begräbnisstätten ab. Erforderlich war ein neues Areal aufgrund der Bevölkerungszunahme – damals lebten in Frankfurt ca. 48.000 Einwohner – und auch aus hygienischen Gründen. Ursprünglich angelegt als fünf Hektar großer englischer Landschaftspark im Norden und damit außerhalb der Altstadt, entstand hier im Laufe der Jahrzehnte einer der größten Friedhöfe Europas.

Das heute rund 70 Hektar große Gelände mit inzwischen altem Baumbestand (hochgewachsene Lebensbäume, Platanen, Kastanien, Eichen, Buchen) betritt der Besucher durch das Alte Portal im klassizistischen Stil an der Eckenheimer Landstraße, die zu den ältesten Ausfallstraßen Frankfurts zählt und weiter nördlich mit dem 1912 eröffneten Neuen Portal einen weiteren Zugang zum Friedhof gewährt. Weitere Teile des repräsentativen Monumentalbaus sind die Trauer- und Leichenhalle, die Kapelle sowie das (seit 2013 geschlossene) Krematorium. Zu den bemerkenswerten Bauten gehören die Gruftenhalle, eine aus 55 Arkaden bestehende Galerie, sowie zwei prachtvolle Mausoleen. Kulturgeschichtliche Schätze sind die mehr als 900 denkmalgeschützten Grabstätten aus dem 19. Jahrhundert und dem ersten Viertel des 20. Jahrhunderts. Sie sind aus verschiedenem Material, sehr unterschiedlich in der Formensprache (Pyramiden, Säulen, Grabaltäre, Grabkreuze) und haben zahlreiche Verzierungen und Symbole. Efeu, Eichenblätter und Rosen stehen für Unsterblichkeit, Sieg (über den Tod) und Liebe. Zierleisten, Kränze, Schalen mit Früchten und Blumen gehören zum filigranen Schmuckwerk der Denkmäler. Wer schon zu Lebzeiten privilegiert war, dem sollte auch nach dem Tod größere Aufmerksamkeit gelten.

Zu den imposanten Grabstellen im Stil des Historismus und Jugendstils gehören Denkmäler für Frankfurter Unternehmer wie Johann Philipp Holzmann (1805–1870), Adolf von Brüning (1837–1884), dem Gründer der Hoechst AG, dem Bankier Albert Metzler (1839–1918), dem Brauereigründer Conrad Binding (1846–1933) und Josef Neckermann (1912–1992), dem Gründer des gleichnamigen Versandhauses. Ehrengräber haben die ehemaligen Oberbürgermeister Johannes von Miquel (1828–1901) und Franz Adickes (1846–1915). Aber auch überregional bekannte Persönlichkeiten liegen hier bestattet, so die Schriftsteller Dorothea Schlegel (1764–1839), Johann Georg August Wirth (1798–1848), Karl Gutzkow (1811–1878), Ricarda Huch (1864–1947), Marcel Reich-Ranicki (1920–2013), Wilhelm Genazino (1934–2018) und Robert Gernhardt (1937–2006). Ihre letzte Ruhestätte haben hier ferner Arthur Schopenhauer (1788–1860), Theodor W. Adorno (1903–1969) sowie Alexander (1908–1982) und Mar-

Zu den bemerkenswerten Bauwerken auf dem Hauptfriedhof gehört das Mausoleum Reichenbach-Lessonitz (1847).

garte Mitscherlich (1917–2012). Neben den insgesamt rund 65.000 Einzel- bzw. Familiengrabstellen bestehen Grabstätten für die Gefallenen des Ersten und Zweiten Weltkrieges und für die Opfer des Nationalsozialismus. Auf demselben Gelände, mit eigenen Eingängen versehen, befinden sich hier auch die jüdischen Friedhöfe: der ebenfalls 1828 eröffnete Alte jüdische Friedhof (mit Grabmälern der Familie von Rothschild), auf dem im Zeitraum von 100 Jahren rund 40.000 Personen bestattet wurden, und der 1928 in Betrieb genommene Neue jüdische Friedhof. Mit der Ansammlung prominenter Namen und der Vielgestaltigkeit der Grabstätten gleichen diese Friedhöfe einem lebendigen Geschichtsbuch; auf dem parkähnlichen Gelände spiegeln sich rund 200 Jahre Kultur- und Sozialgeschichte wider.

20 Die Nacht wird zum Tag
Frankfurts Straßenbeleuchtung

Durch Straßenlaternen und Schaufensterbeleuchtung hell erleuchtete Innenstädte bei Nacht sind uns (noch) eine Selbstverständlichkeit, auch angestrahlte Kirchen und weitere Sehenswürdigkeiten von besonderer Bedeutung. In früheren Zeiten übernahmen Lampenanzünder die Aufgabe, Straßenlaternen bei Einbruch der Dunkelheit anzuzünden, bei Anbruch der Morgendämmerung wurden sie wieder gelöscht.

Helles Licht in der Nacht bietet Sicherheit, doch die Einführung einer städtischen Beleuchtung war keine Wohltat der Obrigkeit gegenüber ihren Untertanen, vielmehr sollte im Schein des Lichts Kriminalität vorgebeugt werden. In Frankfurt wurden die ersten Gaslaternen 1828 errichtet, die Anfänge der nächtlichen Beleuchtung jedoch liegen im frühen 18. Jahrhundert.

1707 wurden 15 Rapsöllampen als erste fest installierte Straßenbeleuchtung auf dem Römerberg angebracht, auch die Wachen erhielten nach und nach künstliches Licht. Die Öllaternen wurden über den Straßen aufgehängt und konnten mittels einer Zugkette bewegt werden. Angezündet wurden sie selbstverständlich nur in Nächten ohne Mondschein. Doch die für eine Krönungsstadt angemessene ständige Beleuchtung scheiterte an den hohen Kosten. Ab Mitte September 1828 wurden die Öllampen mit ihrem spärlichen Licht durch Gaslaternen ersetzt. Frankfurt mit seinen damals annähernd 50.000 Einwohnern war die vierte Stadt in Deutschland, die das neue Leuchtmittel einführte, für das zunächst eine private Öl-Gasfabrik an der Mainzer Landstraße zuständig war. Bereits ein Jahr später, mit Umstellung auf amerikanisches Harz als Rohstoff, kam es zu einer effizienteren Herstellung von Gaslicht, das in den folgenden Jahren von verschiedenen Unternehmen mit wechselnden Namen bereitgestellt wurde. Immerhin waren 1845 schon 670 Gaslaternen in Betrieb.

Mit der Erweiterung der Innenstadt und der Neuanlage von Straßen wurde auch das Netz der Gaslaternen deutlich ausgebaut; zur Jahrhundertwende boten rund 4000 Laternen Schutz und Sicherheit in der Dunkelheit. Die Bevölkerung beleuchtete ihre Wohnungen zu dieser Zeit weiterhin mit Kerzen, Öllichtern und Petroleumlampen. Das erste stadteigene Gaswerk wurde 1904 in Heddernheim eröffnet, acht Jahre später folgte die Inbetriebnahme des Gaswerks am Osthafen. Bis zum Ende des Ersten Weltkrieges wurde flächendeckend die Fernzündung eingeführt, die den Vorteil hatte, dass das zeit- und personalintensive Anzünden der Lampen entfiel. Mit der Beleuchtung ganzer Straßenzüge per Knopfdruck entfielen fortan zwei Berufe: der Lampenputzer und der Nachtwächter, die mit ihren charakteristischen Uniformen jahrzehntelang zum Stadtbild gehört hatten.

Obwohl die Bevölkerung im Mai 1891 auf der Internationalen elektrotechnischen Ausstellung unter Leitung des

Straßenlampen an der Alten Oper und in der Altstadt spiegeln Designgeschichte wider.

Bauingenieurs (und späteren Begründers des Deutschen Museums in München) Oskar von Miller (1855–1934) vom Zauber des elektrischen Lichts beeindruckt war, erfolgte die Umstellung auf elektrische Straßenbeleuchtung am Main nur zögerlich und ansatzweise. Dieser Trend hielt sich gar nach den Zerstörungen fast aller Straßenlampen während des Zweiten Weltkrieges; Mitte der 1950er-Jahre gab es etwa genauso viele elektrische Leuchten wie Gaslaternen, jeweils rund 8000.

Mit der Zunahme des Individualverkehrs ab Mitte der 1960er-Jahre waren hell erleuchtete Straßen eine Notwendigkeit, schließlich reduzierte eine angemessene Beleuchtung Verkehrsunfälle und rettete damit Menschenleben. Heute werden von den rund 70.000 Leuchten im Stadtgebiet noch immer etwa 4000 mit Gas betrieben, doch auch diese störanfällige und kostenträchtige Lichtquelle soll innerhalb der nächsten Jahre ersetzt werden. Nach und nach kamen vielerorts zunächst Leuchtstofflampen, dann Quecksilberdampf- und Natriumdampf-Hochdruckleuchten zum Einsatz, für deren Betrieb die 1998 gegründete Mainova AG, einer der größten regionalen Energieversorger Deutschlands, verantwortlich ist. Inzwischen erhellt ein Heer von effizienten, weitgehend wartungsfreien und energiesparenden LED-Leuchten das nächtliche Frankfurt. Die zahlreichen unterschiedlich gestalteten Zier- und Zwecklaternen in der Innenstadt und den Stadtteilen, die teilweise auch als Träger von Straßenschildern dienen und damit eine Doppelfunktion erfüllen, stellen zugleich eine abwechslungsreiche Designgeschichte dar.

21 Frankfurt und seine Wachen
Hauptwache und Konstablerwache

Mit annähernd je 100.000 Fahrgästen pro Tag gehören die Haltestellen Hauptwache und Konstablerwache im Zentrum zu den verkehrsreichsten unterirdischen Bahnhöfen Frankfurts. An beiden Orten verkehren alle S-Bahnen sowie die U 1, U 2, U 3, U 6, U 7 und U 8 bzw. die U 4, U 5, U 6 und U 7. Beide Wachen hatten einst eine militärische Funktion.

Bereits im letzten Drittel des 17. Jahrhunderts befand sich auf dem Platz der heutigen Hauptwache ein Wachlokal, das durch einen größeren Neubau 1730 ersetzt wurde. Das Barockgebäude aus rotem Mainsandstein mit Mansardengeschoss und Walmdach diente der Bürgerwehr, die die Sicherheit und Ordnung in der Stadt gewährleisten sollte. Untergebracht waren drei Wachstuben, ein Verhörraum und ein Gefängnis. Vor dem Bau befanden sich mit dem Galgen eine Hinrichtungsstätte und als weiteres Zeichen der Gerichtsbarkeit der Pranger mit Halseisen und Ketten. Hier wurden jene Bürger öffentlich zur Schau gestellt, die eine Missetat oder ein Verbrechen begangen hatten, also im wörtlichen Sinne an den Pranger gestellt und damit der gesellschaftlichen Schande ausgesetzt. In Folge der Annexion Frankfurts durch Preußen 1866 verlor die Wache an Bedeutung. Nach einem umfangreichen Umbau wurde das schmuckvolle Gebäude bereits Ende 1905 als Café eröffnet. Es entwickelte sich zu einer der führenden Konditoreien der Stadt, in der etliche Journalisten und Schauspieler Stammgäste waren. Gegen Ende des Krieges wurde dieser beliebte Treffpunkt wie auch die Umgebung weitgehend zerstört. Nach einer provisorischen Instandsetzung Mitte der 1950er-Jahre erfolgte, nach dem Bau des unterirdischen Bahnhofs, 1968 die originalgetreue Rekonstruktion der Hauptwache.

Noch traditionsreicher ist der Platz der Konstablerwache, auf dem sich seit Mitte des 16. Jahrhunderts das Zeughaus befand, in dem die Stadtwehr ihre Waffen und militärischen Ausrüstungsgegenstände gelagert hatte. Bewacht wurde das Zeughaus von den Konstablern, die ursprünglich Büchsenmacher waren, also Waffen herstellten. Aus diesem Beruf hatte sich ein Unteroffiziersdienstgrad entwickelt, der für das gefährliche Waffenarsenal zuständig war. Diese Konstabler sind Namensgeber des stark frequentierten Platzes. 1822 wurde das Gebäude zu einem monumentalen Polizeirevier umgebaut, doch aufgrund der Bevölkerungsentwicklung ab Mitte des 19. Jahrhunderts erwies es sich als für die boomende Großstadt zu klein. Es wurde 1886 zugunsten eines repräsentativen Polizeipräsidiums am Hohenzollernplatz (heutiger Platz der Republik) abgerissen, das frei gewordene Areal mit prachtvollen Wohn- und Geschäftshäusern der Gründerzeit bebaut. Verbunden wird die Konstablerwache mit der rund 500 Meter weiter westlich gelegenen Hauptwache über die geschichtsträchtige Zeil, die zu

Hauptwache (2023).

den bekanntesten und umsatzstärksten Straßen Deutschlands gehört. Mit dem Frankfurter Wachensturm vom 3. April 1833 gingen beide Wachen in die Geschichtsbücher ein. Damals versuchten rund 30 Studenten, mit etwa 20 weiteren Aufständischen die Wachen zu stürmen. Geplant war, mit den erbeuteten Waffen die Gesandten des Deutschen Bundestages, die im nahe gelegenen Palais Thurn und Taxis tagten, gefangen zu nehmen. Doch ohne Rückhalt bei der Bevölkerung war nach nur einer halben Stunde die revolutionäre Aktion beendet, neun Tote und zahlreiche Verletzte waren zu beklagen. Soweit sie nicht fliehen konnten, wurden die Anführer inhaftiert. Als Folge des Wachensturms ließ der Bundestag 2500 preußische und österreichische Soldaten in der Stadt stationieren, die wenige Wochen später neu errichtete Zentraluntersuchungsbehörde ermittelte bis 1842 gegen Oppositionelle. Mit dem Wartburgfest (1817) und dem Hambacher Fest (1832) gilt der Frankfurter Wachensturm als Wegbereiter der 1848er-Revolution und damit als Meilenstein der Demokratiebewegung.

22 Ort der Demokratiebewegung
Die Paulskirche

Am 18. Mai 1848 trat die Frankfurter Nationalversammlung zusammen – sie war das erste gesamtdeutsche Parlament, bestehend aus 585 Abgeordneten. Tagungsort war die erst 1833 eingeweihte Paulskirche, Hauptkirche der Frankfurter Protestanten und mit 2500 Sitzplätzen größter Versammlungsraum in der zentral gelegenen Stadt. Die Volksvertreter gehörten überwiegend dem gebildeten Bürgertum an, sie kamen aus akademischen Berufen, waren Richter, Rechtsanwälte, höhere Verwaltungsbeamte oder Professoren, nur vier Handwerker waren vertreten. Daher wurde die Versammlung auch Honoratioren- oder Professoren-Parlament genannt.

Die Abgeordneten schlossen sich nach politischen Richtungen zusammen (Parteien gab es noch nicht) und nannten sich nach ihren Versammlungsorten, Frankfurter Wirtshäusern (z.B. Augsburger Hof, Café Milano, Casino, Donnersberg, Westendhall, Württemberger Hof). Am 19. Mai 1848 wählten sie den Gutsbesitzer und hessischen Landtagsabgeordneten Heinrich von Gagern (1799–1880) zum Präsidenten. Von ihm aus gesehen saßen die Demokraten links, die Liberalen in der Mitte und die Konservativen rechts – diese Sitzordnung hat sich im Wesentlichen bis heute erhalten.

Am 28. März 1849 verabschiedeten die Parlamentarier die Reichsverfassung, die auch die „Grundrechte des deutschen Volkes“ enthielt (u.a. Freiheit der Meinungsäußerung, Glaubens- und Gewissensfreiheit, Gleichheit aller Deutschen vor dem Gesetz, Berufsfreiheit), abgeschafft wurden Standesprivilegien und die Todesstrafe. Lange diskutiert wurde über die Staatsform und die künftigen Grenzen des neuen Reiches. Schließlich entschieden sich die Abgeordneten für die „kleindeutsche Lösung“, d.h. ohne Einbeziehung Österreichs. Bei der Staatsform setzten sich die Konservativen durch, die für ein Erbkaisertum plädiert hatten. Die Legislative sollte beim Reichstag liegen, der aus zwei Kammern (Volkshaus und Staatenhaus) bestehen sollte. Die Vertreter der 28 Einzelstaaten stimmten für die neue Verfassung, doch die Ablehnung der Kaiserkrone („Kaiser der Deutschen“) durch Friedrich Wilhelm IV. (1795–1861) am 3. April 1849 ließ die Reichsverfassung und damit die Nationalversammlung scheitern. Dem preußischen König hatte missfallen, dass Revolutionäre und nicht ein ebenbürtiger Monarch ihm die Kaiserkrone angeboten hatten.

Zwar versuchten Aufständische in Baden, der Pfalz und Sachsen die Annahme der Verfassung zu erzwingen, doch preußische Truppen schlugen diese Erhebungen gewaltsam nieder. Trotz des Scheiterns war die Arbeit des Paulskirchenparlaments nicht vergebens; erstmals in der deutschen Geschichte waren mit den Grundrechten die Freiheitsrechte des einzelnen Bürgers formuliert und in

Die Paulskirche, Tagungsort der Nationalversammlung 1848/49, umgeben vom Weihnachtsmarkt.

einer Verfassung verankert. Diese Gesetzessammlung wurde zum Vorbild der Verfassungen, die nun nach und nach von den einzelnen Bundesstaaten erlassen wurden, und die Grundrechte wurden zum überwiegenden Teil 1919 in die Weimarer Verfassung übernommen. Auch entschied sich die Weimarer Republik und später (1949) die Bundesrepublik für die Farben der: Schwarz-Rot-Gold. Mit dem Hambacher Fest von 1832 gilt die Frankfurter Nationalversammlung als Höhepunkt der liberalen und demokratischen Freiheitsbewegung im 19. Jahrhundert, und wie das Hambacher Schloss bei Neustadt/Weinstraße ist die Paulskirche ein besonderes Symbol der Demokratiebewegung.

23 Tiere erleben, Natur bewahren
Der Zoo

Frankfurt ist nicht nur eine Stadt der Museen, sondern auch der Tiere. Mit rund 850.000 Besuchern jährlich ist der Zoo eine weitere Hauptsehenswürdigkeit, zentral gelegen und gut mit öffentlichen Verkehrsmitteln erreichbar. Er ist einer der meistbesuchten Tiergärten und, nach dem 1844 eröffneten Berliner Zoo, der zweitälteste Deutschlands.

Mit der zunehmenden Überwindung von Zeit und Raum, der Intensivierung von Forschung und Entwicklung in den Bereichen Medizin, Naturwissenschaften und Technik ab der zweiten Hälfte des 19. Jahrhunderts, verstärkte sich auch das Interesse an Naturkunde, an außereuropäischen Kulturen sowie fremden Pflanzen und Tieren. Die bereits 1858 gegründete Zoologische Gesellschaft Frankfurt, ein Verein wohlhabender Bürger, beabsichtigte die Präsentation exotischer Tiere. Ab August 1858 wurden die wilden Tiere (Bären, Wölfe, Wildschweine) in ausbruchssicheren Käfigen zunächst auf einem Gelände an der Bockenheimer Landstraße gezeigt, ab 1874 waren sie auf der Pfingstweide, auf dem noch heute bestehenden Areal zu bestaunen. Star in jenen Jahren war ein Elefant (seit Mitte der 1980er-Jahre wird bewusst auf die Haltung dieser Tierart verzichtet). 1876 wurde hier das repräsentative Gesellschaftshaus eröffnet, das mit seinen Fest- und Tagungsräumen bis heute einen idealen Ort für Vorträge, Ausstellungen, Modeschauen, Bälle und Konzerte bietet. Von 1947 bis 2023 beherbergte es auch das private „Kleine Theater im Zoo“, ab 1976 Fritz-Rémond-Theater genannt, benannt nach dem Schauspieler und Regisseur Fritz Rémond (1902–1976).

Noch gegen Ende des 19. Jahrhunderts wurde das heute elf Hektar große Gelände erweitert, nach und nach entstanden das Raubtierhaus, das Affenhaus, das Antilopenhaus, das Bärengehege, die Reptilien- und Krokodilhalle, das Giraffenhaus, die Vogelhalle, das Nachttierhaus, mehrere Aquarien. Lebten die Tiere in früheren Jahren ausschließlich „hinter Gittern“, wird ihnen nun in eigenen Gehegen mehr Lebensraum bei möglichst artgerechter Haltung zugestanden. Zu diesen originell gestalteten Freianlagen gehören das Ukumari-Land für südamerikanische Säugetiere, der Katzendschungel mit zahlreichen Klettermöglichkeiten, der Borgori-Wald mit seinem Menschenaffenhaus oder die Huftieranlage. So vereint der Zoo mit seinen rund 450 Arten und 4700 Tieren eine vielfältige Fauna, die eine willkommene Abwechslung zur Kunst und Kultur der Stadt bietet. Beliebt ist der Tiergarten bei Alt und Jung, Einheimischen und Gästen auch wegen seiner landschaftlich reizvollen Gestaltung, aufgrund seiner pädagogischen Angebote („Zoo-Rallye und Quiz“, „Mein Tag im Zoo“) und den vielseitigen Aktionen (Zootag, Abendführungen).

Bekanntester Direktor im Laufe der 165-jährigen Zoogeschichte war Professor Bernhard Grzimek (1909–1987), der die Einrichtung von 1945 bis 1974 leitete und

Gesellschaftshaus des Frankfurter Zoos (1876/1957).

einer breiten Öffentlichkeit durch seine Liveauftritte in der ab 1956 ausgestrahlten hr-Sendereihe „Ein Platz für Tiere“ bekannt wurde. Stets brachte er ein Tier aus dem Zoo mit und warb so lehrreich und unterhaltsam zugleich für den Erhalt der bedrohten Tierwelt. 2008 wurde der westliche Teilabschnitt der Straße „Am Tiergarten“ und damit der Bereich vor dem Haupteingang des Zoos in Bernhard-Grzimek-Allee umbenannt.

Zu seiner Zeit, anlässlich des 100-jährigen Bestehens des Zoos, brachte die Deutsche Bundespost eine 10-Pfennig-Sonderbriefmarke heraus, auf der eine Giraffe und ein Löwe abgebildet sind. In einer Auflage von 5,3 Millionen Exemplaren erschienen, war die grün-schwarze Briefmarke ein deutschlandweiter Werbeträger für den beliebten Zoo.

24 Eine schwierige Beziehung
Bismarck und Frankfurt

Schon 1836 erhielt Otto von Bismarck (1815–1898), damals Regierungsreferendar, bei einer Durchreise von Berlin nach Aachen einen ersten Eindruck von Frankfurt. Jahre später, inzwischen preußischer Gesandter am Deutschen Bundestag mit Sitz im Palais Thurn und Taxis, sammelte er hier zwischen 1851 und 1859 wichtige politische Erfahrungen auf internationalem Parkett, die ihm vor allem als Reichskanzler (1871–1890) von Nutzen waren.

Anfangs fühlte sich Bismarck in der damals 62.000 Einwohner zählenden Stadt unwohl; sie sei „grässlich langweilig", „aber hübsch", und die Leute seien „reich", schrieb er an seine Frau Johanna (1824–1894). Zu den ersten Sehenswürdigkeiten, die Bismarck besuchte, gehörte die Paulskirche: „Heute habe ich mir die Paulskirche angesehen. Sie ist noch ganz so eingerichtet, wie die Nationalversammlung sie verlassen hat, viel schwarzrotgoldene Fahnen und Draperien, sogar 4 Lampen stehen noch auf dem Präsidialtisch; die St. Pauli-Gemeinde scheint nicht aus Kirchengängern zu bestehen, denn sie haben ihr Gotteshaus bisher nicht reklamiert." Bismarcks Anliegen war die politische Gleichberechtigung mit Österreich, das den Vorsitz im Deutschen Bund führte. Mit Geschick versuchte er schon in seinen Frankfurter Jahren, die Interessen Preußens zu vertreten. Innerhalb dieser Zeit wechselte er mehrfach den Wohnort. Zunächst hatte er sich im „Englischen Hof" am Roßmarkt eingemietet, im Sommer 1851 bezog er eine Etage im Haus Hochstraße 45. Dort wohnte auch der Arzt Heinrich Hoffmann (1809–1894), der Verfasser des „Struwwelpeters". Nachdem wenige Wochen später Bismarcks Familie nachgekommen war, siedelten sie in die Bockenheimer Landstraße über, wo das jüngste Kind Wilhelm (1852–1901) geboren wurde. Von Oktober 1852 bis Mai 1858 lebten die Bismarcks in der Großen Gallusgasse 19, das letzte Jahr, bis zur Übersiedlung nach Berlin im Februar 1859, verbrachte die Familie in der Hochstraße 30. Von Frankfurt aus unternahm Bismarck zahlreiche Ausflüge entlang des Rheins und durch den Rheingau, auch bis Heidelberg, zunächst alleine, dann mit seiner Familie.

Rund 480 deutsche Städte haben Bismarck die Ehrenbürgerschaft verliehen, die meisten dieser Ehrungen erfolgten 1895 anlässlich seines 80. Geburtstages. Frankfurt ist eine der wenigen Großstädte, die dem Reichskanzler die höchste Auszeichnung der Stadt verwehrten. Dafür widmeten ihm die Frankfurter ein imposantes Denkmal. Es stellt den Kanzler überlebensgroß auf einem mächtigen Sandsteinsockel dar; hinter ihm sitzt auf einem Pferd die fahnentragende Germania, darunter liegt der erlegte Drache. Aufgestellt wurde das Bismarckdenkmal, ein Werk des Bildhauers Rudolf Siemering (1835–1905), im Mai 1908 in der Gallusanlage vor dem Schauspielhaus. 1940 veranlasste die Stadtverwaltung die Beseitigung des Denkmals. Maßgebend war die „Ver-

Das 1899 aufgestellte Bismarckdenkmal in Höchst.

ordnung zum Schutz der Metallsammlung des deutschen Volkes“ vom 29. März 1940, das die reichsweite Einrichtung von Sammelstellen und die flächendeckende Ablieferung von Metallen vorsah. Bei dieser Gelegenheit wurden nicht nur rund 90.000 Glocken reichsweit beschlagnahmt, Opfer der willkürlich durchgeführten Aktion wurden nun auch Brückengeländer, schmiedeeiserne Gitter und bronzene Denkmäler bzw. Denkmalsteile, darunter befand sich auch das Frankfurter Bismarckdenkmal. Längst Geschichte ist auch die Bismarckschule, eine ehemalige Realschule in Bockenheim. Noch nicht einmal eine Straße erinnert in der Mainmetropole an den langjährigen Reichskanzler. Eine Spurensuche in Höchst dagegen ist erfolgreich: Dort steht noch heute das Bismarckdenkmal, das aus Spenden national gesinnter Bürger der damals selbstständigen Stadt Höchst finanziert und im Mai 1899 enthüllt wurde. Die überlebensgroße Bronzestatue auf einem Sandsteinsockel stammt von dem Münchner Bildhauer Alois Mayer (1855–1936) und wurde anlässlich Bismarcks Tod in Auftrag gegeben. Bereits 1895, zu seinem 80. Geburtstag, hatte die Stadt Höchst dem Altkanzler die Ehrenbürgerwürde verliehen.

25 Das offizielle Kriegsende von 1870/71
Der Friede von Frankfurt

Als Bundeskanzler des Norddeutschen Bundes (ab 1867) hatte Otto von Bismarck (1815–1898) in Frankfurt keinen guten Ruf, und das hatte seinen Grund: Im Deutsch-Deutschen Krieg (Sommer 1866) hatte Preußen gegen Österreich und dessen Verbündete gesiegt. Auf Seiten Österreichs hatte auch die Freie Stadt Frankfurt gestanden, die im Oktober 1866 von Preußen annektiert wurde. Damit verlor Frankfurt seine jahrhundertelange Selbstständigkeit. Die Annexion lastete man vor allem Bismarck, damals preußischer Ministerpräsident, an. Frankfurt wurde nun Teil des neu geschaffenen preußischen Regierungsbezirks Wiesbaden.

Wenige Jahre später, nach dem Deutsch-Französischen Krieg (1870) und der Reichsgründung (Januar 1871), wollte Bismarck das angespannte Verhältnis zwischen Frankfurt und Preußen verbessern, daher bestimmte er Frankfurt als Ort der Unterzeichnung des Friedens mit dem unterlegenen Frankreich. Dieser Vertrag, der den Vorfrieden von Versailles (Februar 1871) bestätigte und den Deutsch-Französischen Krieg offiziell beendete, ging als Friede von Frankfurt in die Geschichtsbücher ein. An der Vertragsausgestaltung waren beteiligt Otto von Bismarck und Harry Graf von Arnim (1824–1881) sowie der französische Außenminister Jules Favre (1809–1880), der französische Finanzminister Augustin Pouyer-Quertier (1820–1891) und Marc-Eugène de Goulard (1808–1874), Mitglied der französischen Nationalversammlung. Die insgesamt 21 Artikel unterzeichneten Bismarck und Favre am 10. Mai 1871 im (1944 zerstörten) Hotel „Zum Schwan“ im Steinweg, damals ein Luxushotel von europäischem Rang (heute Buchhandlung Hugendubel). Frankreich musste die überwiegend deutschsprachigen Gebiete Elsass (ohne Belfort) und Lothringen an das neu gegründete Deutsche Reich abtreten. Das später als Reichsland Elsass-Lothringen bezeichnete, rund 15.000 Quadratkilometer große Territorium war kein eigenes Land innerhalb des Deutschen Reiches, sondern es unterstand der Staatsgewalt des Kaisers. Straßburg fungierte als Landeshauptstadt, oberster Repräsentant der annähernd zwei Millionen Bewohner war ein Kaiserlicher Statthalter. Außerdem hatte Frankreich innerhalb von drei Jahren eine Kriegsentschädigung von fünf Milliarden Francs (1450 Tonnen Feingold) zu zahlen. Nordfrankreich sollte bis zur endgültigen Bezahlung dieser Reparationen (1873) von deutschen Truppen besetzt bleiben. Diese Bestimmungen belasteten das deutsch-französische Verhältnis erheblich; Frankreichs Politik beabsichtigte fortan die Rückgewinnung (Revanche) von Elsass und Lothringen.

Aus Bismarcks Sicht sollte der Ort der Vertragsunterzeichnung ein Zeichen der Versöhnung sein, nach dem Vertrags-

In der Einkaufsstraße Steinweg erinnert eine Gedenktafel an den Abschluss des Frankfurter Friedens vom Mai 1871.

schluss meinte der Reichskanzler: „Es ist mir ein schöner Gedanke, dass der erste große politische Akt des wiedererstandenen Deutschen Reiches gerade in Frankfurt, der alten Kaiser- und Krönungsstadt, sich hat vollziehen können … Ich wünsche von Herzen, dass der Friede von Frankfurt auch den Frieden für Frankfurt und den Frieden mit Frankfurt bringen werde." Tatsächlich jubelten die Bürger Frankfurts am Abend des 10. Mai 1871 vor dem Hotel „Zum Schwan" Bismarck zu. Noch heute befindet sich ein Teil des Mobiliars aus der Suite, in der der Vertrag unterzeichnet wurde und die als „Friedenszimmer" des Luxushotels nie mehr vermietet wurde, im Historischen Museum der Stadt. Dank der Reparationsleistungen aus Paris profitierte auch Frankfurt: Außerhalb der historischen Stadtmauern entstanden nun Neubaugebiete mit kommunalen Einrichtungen, aber auch die 1893 im Nordend eingeweihte Lutherkirche ist in diesem Zusammenhang zu nennen.

26 Ein Obelisk als Geschichtsbuch
Das Einheitsdenkmal

Der österreichische Schriftsteller Robert Musil (1880–1942) schrieb in seinen 1936 erschienenen Erzählungen „Nachlass zu Lebzeiten“: „Das Auffallendste an Denkmälern ist nämlich, dass man sie nicht bemerkt. Es gibt nichts auf der Welt, was so unsichtbar wäre, wie Denkmäler. Sie werden doch zweifellos aufgestellt, um gesehen zu werden, ja, geradezu um Aufmerksamkeit zu erregen; aber gleichzeitig sind sie durch irgendetwas gegen Aufmerksamkeit imprägniert.“ Ein solch „unauffälliges“ Denkmal steht auch in Frankfurt, auf dem Paulsplatz in unmittelbarer Nachbarschaft zur Paulskirche: das Einheitsdenkmal.

Der auf einem vierstufigen Unterbau ruhende dreiseitige Obelisk aus Kelkheimer Kalkstein wurde 1903 aufgestellt. Vorausgegangen war, wie üblich, die Ausschreibung eines Wettbewerbs. Der Magistrat der Stadt hatte ein Denkmal gewünscht, das an die Freiheits- und Einheitsbewegung zwischen 1815 (Gründung des Deutschen Bundes) und 1864, 1866, 1870/71 (Einigungskriege und Reichsgründung) erinnern sollte. Gewürdigt werden sollten die Vorkämpfer der politischen Freiheit: die Abgeordneten der Nationalversammlung, die Mitglieder der (Sänger-)Vereine, Vertreter der Wirtschaft und Wissenschaft, der Kunst und Kultur, die sich mit ihrem Engagement jahrelang gemeinsam für die Einheit Deutschlands eingesetzt hatten. Der Entwurf des in Frankfurt geborenen und in München tätigen Architekten Fritz Hessemer (1868–1929) überzeugte die Jury, ausführender Bildhauer war Hugo Kaufmann (1868–1919). Der Sockel des Obelisks enthält drei Reliefs mit den Titeln „Abschied des Jünglings vom Vater“, „Schmieden der Waffen“ und „Bereit zum Kampf“. Bekrönt wird das Denkmal von einer weiblichen Figur, auf deren Schild die Worte „seid einig“ stehen. Diese bronzene Allegorie könnte Germania, die Personifikation des Deutschen Reiches, darstellen oder Klio, die Muse der Geschichtsschreibung. Umgeben war der Sockel ursprünglich von drei überlebensgroßen Figurenpaaren aus Bronze. Diese Allegorien standen für das freie Bürgertum, für die Wissenschaft und für die Sängerbewegung. Wie auch das Bismarckdenkmal in der Gallusanlage (1908), Sockelfiguren des Kaiser-Wilhelm-Denkmals in der Taunusanlage (1896), Brunnenteile und zahlreiche Gitter wurden die Bronzefiguren 1940/41 ein Opfer der „Metallspende des deutschen Volkes“ – sie wurden eingeschmolzen zugunsten der Rüstungsindustrie. Der Einweihungstag, der 18. Oktober 1903, war mit Bedacht gewählt: 90 Jahre zuvor hatte die Völkerschlacht bei Leipzig stattgefunden, bei der preußische, österreichische, russische und schwedische Truppen die französische Armee besiegten, damit begann das Ende der Napoleonischen Vorherrschaft in Deutschland. In seiner Rede anlässlich

Das Einheitsdenkmal (1903) auf dem Paulsplatz zeigt Ausschnitte der Frankfurter Geschichte.

der Denkmalseinweihung erinnerte Oberbürgermeister Franz Adickes (1846–1915) an die Helden der Befreiungskriege, und er würdigte die Frankfurter, die an der Bildung des deutschen Nationalstaates mitgewirkt hatten; nicht ohne Grund fand das Einheitsdenkmal Aufstellung neben der Paulskirche. Mit seiner Darstellung spiegelt der Obelisk Ausschnitte der deutschen Geschichte des 19. Jahrhunderts wider. Beliebt ist das Bauwerk vor allem als Treffpunkt vor einem Besuch des hier stattfindenden Weihnachtsmarktes.

27 Exotisches und Einheimisches
Der Palmengarten

Palmengarten – klingt nach Ferne, Urlaub, Strand. Tatsächlich gleicht der Besuch im Frankfurter Palmengarten einem Urlaubstag, doch das reichhaltige Pflanzenparadies mit Gewächsen aus allen Erdteilen liegt nicht in einem anderen Land, sondern im Westend und ist gut erreichbar.

Wie so oft in Frankfurt, wenn es um die Gründung kultureller Einrichtungen, die Verbesserung vorhandener Strukturen oder den Fortschritt im Sinne des Allgemeinwohls ging, war auch der Eröffnung des Palmengartens im März 1871 bürgerschaftliches Engagement vorausgegangen. Fünf Jahre zuvor, nach dem Deutsch-Deutschen Krieg, war nicht nur Frankfurt durch Preußen annektiert worden, auch das benachbarte Herzogtum Hessen-Nassau hatte seine Eigenständigkeit verloren. Herzog Adolph (1817–1905), letzter Regent des kleinen Landes, war nun Privatier, Schloss Biebrich, die herzogliche Sommerresidenz, hatte an Bedeutung verloren. Auch die Orangerie mit ihren tropischen Baum- und Pflanzenbeständen, bislang ein viel bestaunter Ort der standesgemäßen Repräsentation, hatte ausgedient. Zwar hatte der Herzog eine erhebliche Abfindung erhalten und auch Schloss Biebrich durfte er behalten, doch Wiesbaden war nicht mehr sein Lebensmittelpunkt, folglich ließ er den wertvollen Bestand der Orangerie durch Heinrich Siesmayer (1817–1900) verkaufen. Der Gartenarchitekt war bestens vertraut mit den Parkanlagen im Rhein-Main-Gebiet und wusste die herzogliche Sammlung zu schätzen. Ihm gelang es, den Verein zur Förderung des öffentlichen Verkehrslebens für den Ankauf der Wintergärten und Gewächshäuser samt Inhalt zu begeistern. Dieser Verein gehörte zu den Mitte des 19. Jahrhunderts in deutschen Städten entstandenen Verschönerungsvereinen, die etwa Spazierwege anlegen und beschriften, Bäume pflanzen und Ruhebänke aufstellen oder Aussichtstürme errichten ließen, also zur Verschönerung des Stadtbildes und der Umgebung beitrugen. Finanziell und ideell unterstützt wurde das wagemutige Unternehmen von Leopold Sonnemann (1831–1909), dem Gründer der Frankfurter Zeitung. Das am 6. Mai 1868 aus Vereinsmitgliedern gebildete Komitee zum Erwerb des Biebricher Wintergartens eröffnete damit die Geschichte des Palmengartens, dessen erster Direktor Siesmayer war. Das (heute 22 Hektar große) Areal an der Bockenheimer Landstraße stellte weitgehend die Stadt zur Verfügung. Zunächst von einer Aktiengesellschaft betrieben, übernahm 1931 die Stadt den Palmengarten. Mit seinen eindrucksvollen Hallen, dem repräsentativen Gesellschaftshaus, vor allem aber mit seinem für damalige Verhältnisse einmaligen Angebot exotischer Pflanzen entwickelte sich der Garten schnell zu einem beliebten Publikumsmagneten. Das ist er bis heute geblieben. Der alte Baumbestand, die großzügigen Liegewiesen, die Rosenschauen und idyllischen Teiche

Ein Besuch im Palmengarten lohnt zu jeder Jahreszeit.

laden zum Verweilen ein. Zum Staunen sind ebenso die länderspezifischen Schauhäuser oder das sehenswerte Blüten- und Schmetterlingshaus. Hinzu kommen weitere vielfältige Veranstaltungen („Rosen- und Lichterfest", „Nacht der Museen") mit Vorträgen, pädagogischen Angeboten, Sonderkonzerten für jeden Geschmack (bereits seit 1959 besteht die erfolgreiche Reihe „Jazz im Palmengarten"). Alle Programmpunkte bilden eine harmonische Einheit von Natur, Kultur und Bildung. Der Palmengarten ist europaweit einer der größten Gärten seiner Art. Mit dem benachbarten Botanischen Garten und dem gleichfalls traditionsreichen Grüneburgpark bildet er die größte innerstädtische Grünanlage, zusammen stellen die drei Parkanlagen ein bedeutendes Gartendenkmal von herausragendem Rang dar.

28 Von Frankfurt nach Offenbach
Die erste elektrische Straßenbahn

In den Jahren vor und nach 1900 stellten viele Städte den Betrieb der Pferdebahn auf die elektrische Straßenbahn um. Eine Vorreiterrolle spielte Frankfurt, wo das neue Verkehrsmittel bereits 1884 in Betrieb ging. Schon seit 1872 hatten von Pferden gezogene Straßenbahnen die Kopfbahnhöfe der Stadt mit dem Zentrum verbunden (bis 1904 im Einsatz), ab 1888 (bis 1929) ergänzten Dampfstraßenbahnen das Angebot der öffentlichen Verkehrslinien, die allesamt von verschiedenen privaten Betreibern unterhalten wurden.

Im Juni 1882 schlossen sich wagemutige Investoren zum Offenbacher Konsortium zusammen, um mit behördlicher Genehmigung den Bau einer elektrischen Straßenbahn zwischen der Alten Brücke bei Sachsenhausen über Oberrad und dem Mathildenplatz in Offenbach zu initiieren. Als Betreiber wurde die Frankfurt-Offenbacher Trambahn-Gesellschaft (FOTG) gegründet, die die fast sieben Kilometer lange Strecke am 10. April 1884 in Dienst stellte – als erste kommerziell betriebene Straßenbahnlinie Deutschlands. Doch harte Sitzbänke, eine fehlende Federung, eine noch nicht ausgereifte Technik und zahlreiche Pannen auf der eingleisigen Strecke ließen die Fahrt nicht zum Vergnügen werden. Bis zur Jahrhundertwende wurden im Frankfurter Stadtgebiet und darüber hinaus weitere Straßenbahnlinien errichtet, unterschiedlichster Art und von verschiedenen Gesellschaften betrieben, bis die Linien von der Stadt übernommen und elektrifiziert wurden. Schon im Jahr 1900 umfasste das städtische Straßenbahnnetz 15 elektrisch betriebene Linien, die nach und nach in die Vororte ausgebaut wurden. Trotz einer niedrigen Höchstgeschwindigkeit von maximal 30 Stundenkilometern kam es anfänglich zu Unfällen, wie in der Zeitung zu lesen war: „Da sind erstens die Pferde, denen beim Anblick der gelben Konkurrenz die Galle überläuft, und da sind die Kutscher, die sich an die Eigenart des Jupiterwagens erst gewöhnen müssen, und da ist die leichtsinnige Jugend, die die vorbeifahrenden Wagen geradezu stürmt. Sie springen auf Trittbretter und hängen sich an die Plattform, und erst wenn der Wagenführer anhält, springen sie ab."

Ein Ärgernis in den Bahnen bildeten zudem immer wieder die überlangen und spitzen Hutnadeln der Damen, selbst die von den Straßenbahnschaffnern verkauften Schutzhülsen konnten die Gefährdung des Mitfahrenden nur mäßig reduzieren. Immerhin brachte die Straßenbahn, die häufig nur „die Elektrisch" genannt wurde, Erleichterung und Zeitersparnis vor allem für Arbeiter und Schüler. Mit Beginn des neuen Jahrhunderts kamen nach und nach nur noch geschlossene Wagen zum Einsatz. Seine größte Ausdehnung hatte das Frankfurter Straßenbahnnetz 1938 mit 32 Linien auf 125 Kilometern. Seit Mitte

Noch immer im Einsatz: Straßenbahnwagen der 1960er-Jahre.

der 1920er-Jahre dienten die Bahnen als Werbefläche. Damals lösten die mit Leder überzogenen Polstersitze die einfachen Holzbänke ab, auch wurden die Bahnen mit Heizungen ausgestattet. Am Ende des Krieges wurden die Wagenhallen zerstört, ebenso ein Großteil der Gleisanlagen, schließlich ruhte der Straßenbahnverkehr zwischen Ende März und Ende Mai 1945.

In der Nachkriegszeit wurden neue Strecken eröffnet (etwa von Nied nach Höchst, 1953), andere stillgelegt (1955 zum Palmengarten), das Streckennetz umgebaut. Mit der Zunahme des Individualverkehrs ab Mitte der 1960er-Jahre, der Priorisierung des Busverkehrs, der Eröffnung der U-Bahn (ab 1968) und der S-Bahn (ab 1978) verlor die Straßenbahn an Bedeutung. Immerhin wurde, dank Bürgerprotesten, eine „schienenfreie Innenstadt", wie zu Beginn der 1980er-Jahre beabsichtigt, nicht verwirklicht. Betrieben von der Verkehrsgesellschaft Frankfurt (VGF), besteht das Straßenbahnnetz heute aus zehn Linien, die insgesamt 128 Haltestellen auf rund 67 Kilometern Streckenlänge bedienen und die damit innerhalb des Rhein-Main-Verkehrsbundes (RMV) eine sinnvolle Ergänzung zum übrigen öffentlichen Personennahverkehr in der Region bilden. Ein besonderes Vergnügen ist dabei die rund einstündige Fahrt mit dem Ebbelwei-Express; seit 1977 führt diese Sonderlinie mit historischen Wagen aus den 1950er-/60er-Jahren durch die Innenstadt, serviert werden während der Fahrt Apfelwein, Apfelsaft, Wasser und Brezeln.

29 Kathedrale des Industriezeitalters
Der Hauptbahnhof

Wie in den meisten anderen Großstädten auch, bestanden in Frankfurt vor der Errichtung des heutigen Hauptbahnhofs mehrere Bahnhöfe. Als der großzügige Neubau zwischen 1883 bis 1888 errichtet wurde, lag er auf dem ehemaligen Galgenfeld und damit auf der „grünen Wiese", weitab der Frankfurter Innenstadt mit ihren annähernd 180.000 Einwohnern. Bereits 1839 war hier mit dem Bau der ein Jahr später vollendeten Taunusbahn begonnen worden, die über Mainz-Kastel nach Wiesbaden führt. Damit ist diese 41 Kilometer lange Verbindung die älteste Eisenbahnstrecke auf dem Gebiet des Bundeslandes Hessen.

In den kommenden Jahren wurden Strecken in alle Himmelsrichtungen verlegt. Ab 1846 konnte man von der damals freien Reichsstadt in die hessische Residenz Darmstadt sowie ins badische Mannheim gelangen, zwei Jahre später nach Hanau, ab 1852 war die Strecke nach Kassel durchgehend befahrbar, und 1863 war endlich auch das linksrheinische Mainz direkt mit Frankfurt verbunden. Nach Annexion der Stadt durch das Königreich Preußen im Jahr 1866 war für den Bau bzw. den Wettbewerb des neuen „Centralbahnhofs" die Preußische Akademie für Bauwesen zuständig. Bei Eröffnung des Kopfbahnhofs mit seinen 16 Gleisen im August 1888 war Frankfurt der größte Bahnhof Europas, zudem einer der schönsten. Das ursprüngliche (und dann 1924 erweiterte) Empfangsgebäude entstand nach Plänen des Straßburger Baumeisters Hermann Eggert (1844–1920) im Stil der Neorenaissance mit zahlreichen Schmuckelementen und allegorischen Figuren. Bis heute ist die Hauptempfangshalle ein Blickfang: Die Uhr wird eingerahmt von den Allegorien Tag und Nacht, die Kuppel bekrönt Atlas, der auf seinen Schultern die Weltkugel trägt, ihn umgeben die Symbolfiguren für Elektrizität und Dampf. Der Sandsteinbau enthält weitere Figuren und Reliefs, die eine Entdeckung wert sind. Das prachtvolle Gebäude bot Komfort auf höchstem Niveau. Nicht minder beeindruckend waren die drei (bzw. heute fünf) in Eisenkonstruktion ausgeführten 28 Meter hohen Bahnsteighallen. Sie boten je drei Bahnsteigen zu sechs Gleisen Schutz und waren das Werk des Berliner Architekten Johann Wilhelm Schwedler (1823–1894), der sich deutschlandweit einen Namen als innovativer Konstrukteur markanter Brücken und Hallen gemacht hatte.

Mit der Erweiterung des Empfangsgebäudes um zwei Hallen im neoklassizistischen Stil wurde 1924 auch die Gleiszahl auf 25 erhöht. Im Zweiten Weltkrieg mehrfach beschädigt, dann instandgesetzt, gilt der Frankfurter Hauptbahnhof auch heute noch als einer der schönsten Bahnhöfe Europas. Mit Zugang zur 1978 in Betrieb genommenen U-Bahn und zahlreichen Geschäften herrscht hier

Die Karte von 1925 zeigt den Hauptbahnhof mit seiner insgesamt 270 Meter breiten Front zur Stadtseite mit Bahnhofsvorplatz und Straßenbahnhaltestellen.

zu jeder Tages- und Nachtzeit ein reges Treiben. Mit rund 340 Verbindungen im Fern- und 290 im Nahverkehr und mehr als 1000 S- und U-Bahn-Fahrten sowie rund 500.000 Reisenden täglich ist der Frankfurter Hauptbahnhof der wichtigste Verkehrsknotenpunkt der Deutschen Bahn. Zugleich ist er ein Ort kurioser und tragischer Unglücksfälle, ebenso ein Ort hoher Kriminalität.

Frankfurt verfügt über mehrere Regional- und S-Bahnhöfe, mit den Stationen Flughafen Fernbahnhof, Süd- und Westbahnhof sogar über drei weitere Fernbahnhöfe. Zu den zehn Regionalbahnhöfen gehört auch Höchst. Als das Empfangsgebäude des heutigen Bahnhofs Frankfurt-Höchst 1914 eröffnet wurde, war das jahrhundertealte Höchst, ab 1928 Stadtteil der Mainmetropole, noch eine eigenständige Gemeinde mit langer Eisenbahntradition: Bereits 1839 ging hier der an der Taunusbahn (nach Wiesbaden) gelegene erste Bahnhof des Ortes in Betrieb, er gehört damit zu den ältesten in Deutschland. In den folgenden Jahrzehnten wurden die Strecken der Sodener Bahn (nach Bad Soden), der Main-Lahn-Bahn (nach Limburg) sowie der Königsteiner Bahn (nach Königstein/Taunus) verlegt, sodass sich Höchst zu einem wichtigen Knotenpunkt in der Region entwickelte, dessen erstes Empfangsgebäude durch einen eleganten Neubau 1880 ersetzt wurde. Bis zur Umgestaltung der Gleisanlagen und dem Bau des heutigen Empfangsgebäudes war Höchst ein Inselbahnhof. Heute ist er mit 12 Gleisen, von denen neun regelmäßig genutzt werden, der zweitgrößte Bahnhof Frankfurts.

30 Rot-Schwarz-Weiß
Eintracht Frankfurt

Geradezu unüberschaubar ist die Anzahl der im Vereinsregister Frankfurt eingetragenen Vereine, allein rund 420 Sportvereine soll es aktuell hier geben. Zu den traditionsreichen Vereinen gehört der Frankfurter Turnverein 1860, dessen Vorgeschichte in der bereits 1833 gegründeten Turngemeinde liegt. Der VfL (Verein für Leibesübungen) Germania 1894 ist der erste und älteste Fußballverein der Stadt, zu den Neugründungen unserer Tage gehört „Frankfurt Flyers", ein seit 2003 bestehender Trampolin-Verein. Der bekannteste Verein jedoch ist die Eintracht.

Um 1900 war das Fußballspielen, so wie wir es heute kennen, noch lange kein Massensport. Vereine gab es kaum bzw. wurden gerade erst gegründet, was sich bis heute in der Bezeichnung der Traditionsvereine „Hannover 96", „SV Darmstadt 98", „1899 Hoffenheim" oder „Schalke 04" erkennen lässt. Auch die Geburtsstunde der heutigen Eintracht Frankfurt e.V. liegt in diesen Jahren; sie wurde im März 1899

als „Frankfurter Fußball-Club Victoria von 1899“ gegründet und war eine Abspaltung der bereits bestehenden Germania 1894. Die weitere Vereinsgeschichte war durch Fusionen und Trennungen geprägt, seit 1928 trägt der Fußballclub seinen heutigen Namen. Spielort war das 1920 eröffnete Stadion am Riederwald, das mit seinen Plätzen für 30.000 Zuschauer jahrelang eine der größten Spielstätten Deutschlands war. Die große Zeit der Eintracht begann nach dem Zweiten Weltkrieg, als der Sport dank Rundfunk und (ab Mitte der 1960er-Jahre) Fernsehen ein Massenpublikum anzog. 1963 gehörte der Verein, dessen Vereinsadler auf dem Stadtwappen basiert, zu den 16 Gründungsmitgliedern der Bundesliga. Bis zur Saison 1996/97 spielte er erstklassig, dann erfolgte erstmals der Abstieg in die Zweite Liga. Jahrelang wechselte die Eintracht ihre Zugehörigkeit zwischen Zweiter und Erster Liga, in der sie seit 2012/13 wieder ununterbrochen unterwegs ist; bis 2023 war der Verein 55-mal Spitzenreiter der Bundesliga. Zu den bekannten Vereinshymnen gehören eingängige Lieder wie „Im Wald da spielt die Eintracht“, „Schwarz-Weiß wie Schnee“ und hauptsächlich „Im Herzen von Europa“. Seit 1963 finden die Heimspiele im Waldstadion (seit 2020 Deutsche Bank Park) in Sachsenhausen statt. Mit rund 130.000 Mitgliedern gehört die Eintracht, deren Farben Rot, Schwarz und Weiß sind, die seit Juli 2000 als Aktiengesellschaft firmiert und die seit 2004 auch Frauenfußball anbietet, zu den größten Sportvereinen. Genauso beachtlich ist die Vielzahl der teils seit mehr als hundert Jahren bestehenden Abteilungen für verschiedene Sportarten (u.a. Turnen, Tennis, Handball, Rugby, Hockey, Boxen, Fechten), die eine vorbildliche Jugendarbeit leisten. Ein Rückblick in die Geschichte des siebtgrößten Sportvereins Deutschlands zeigt erstaunliche Erfolge, dazu zählen: die Deutsche Meisterschaft (1959), Pokalsieger beim UEFA-Pokal (1980), fünf DFB-Pokalsiege (1974, 1975, 1981, 1988, 2018) sowie der Sieg bei der UEFA Europa League (2022). Bekannte Eintracht-Spieler waren Alfred Pfaff (1926–2008), Jürgen Grabowski (1944–2022), Andreas Köpke (geb. 1962) und Andreas Möller (geb. 1967). Ein Ausnahmespieler war Karl-Heinz Körbel (geb. 1954), der während seiner Profikarriere zwischen 1972 und 1991 ausschließlich für Rot-Schwarz-Weiß spielte, dabei 602 Bundesligaspiele bestritt, in denen er 45 Tore schoss. Mehr Treue geht nicht. Für seine Erfolge als Spieler und Trainer sowie sein ehrenamtliches Engagement wurde Körbel im Februar 2020 mit der Ehrenplakette der Stadt ausgezeichnet.

Waldstadion (seit 2020 Deutsche Bank Park), Heimstätte der Eintracht.

31 Promis zu Besuch
Das Goldene Buch der Stadt

Neben der Goldenen Bulle besitzt die Stadt Frankfurt auch ein Goldenes Buch. Solche Bücher waren ab Ende des 19. Jahrhunderts in deutschen Städten und Gemeinden in Mode gekommen. Dabei handelt es sich um in Leder gebundene, schwere Bücher mit Goldschnitt der Seiten, in die sich die Ehrengäste der Stadt anlässlich ihres Besuches eintragen durften. Frankfurt verfügt seit 1907 über ein solches Gästebuch.

Das Buch war ein Geschenk des Bankiers Ludwig Simon Moritz von Bethmann (1844–1902) und seiner Frau Helene (1856–1921), die den aufwendigen Einband von Augusto Varnesi (1866–1941) gestalten ließen. Der in Rom geborene Künstler war seit 1896 vor allem als Medailleur und Gestalter von Grabmalen in Frankfurt tätig. Die kostbare Elfenbeinschnitzerei auf dem vorderen Buchdeckel zeigt Karl den Großen, flankiert von sechs Bischöfen, auf der Synode von Frankfurt 794. Umgeben ist diese feine Szenerie von Herrscherwappen und Edelsteinen sowie Inschriften, dem Stadtwappen und dem schwarzen Reichsadler.

Den Auftakt des 20 Kilo schweren, 50 cm langen und 38 cm breiten Prachtbandes mit feinem Blattgold bildete die Unterschrift Kaiser Wilhelms II. (1859–1941) anlässlich seines Besuches 1903. Da zu diesem Zeitpunkt das Gästebuch noch nicht vollendet war, verewigte er sich auf einem pergamentenen Schmuckblatt, das dann als erstes Blatt dem fertigen Goldenen Buch eingelegt wurde. Im Laufe der Jahrzehnte haben sich zahlreiche Prominente und weniger bekannte Ehrengäste eingetragen sowie die Ehrenbürger der Stadt nach Erhalt der Ehrenbürgerwürde. Zu den 18 Geehrten, die nach dem Zweiten Weltkrieg mit dieser besonderen Auszeichnung bedacht wurden, gehören der Mediziner und Theologe Albert Schweitzer (1875–1965), der in Frankfurt geborene Nobelpreisträger für Chemie Otto Hahn (1879–1968), Bundespräsident Theodor Heuss (1884–1963), der französische Staatspräsident François Mitterrand (1916–1996) oder der hessische Politiker Walter Wallmann (1932–2013); zuletzt (2017) wurde die Ehrenbürgerschaft an die 1944 geborene Petra Roth verliehen, die von 1995 bis 2012 Oberbürgermeisterin der Stadt war.

Zu den weiteren bekannten Persönlichkeiten, die sich im Kaisersaal des Römers in das Goldene Buch eintrugen, gehören die US-Präsidenten John F. Kennedy (1917–1963) und Jimmy Carter (geb. 1924), der südafrikanische Präsident Nelson Mandela (1918–2013) oder die Fußballlegende Franz Beckenbauer (1945–2024) und seine in Frankfurt geborene Kollegin Birgit Prinz (geb. 1977). Auch für den mexikanischen Präsidenten Ernesto Zedillo (geb. 1951) war eine Seite vorgesehen, doch die blieb leer, da 1997 der Wirbelsturm „Paulina" dessen Frankfurt-Besuch unmöglich machte.

Zur Prominenz aus Politik, Wirtschaft, Wissenschaft, Religion, Kultur und Sport

Prachtvoll gestaltet ist das Goldene Buch der Stadt von 1907.

gesellten sich immer wieder Delegationen ausländischer Regierungen und Parlamente, Vereine, Institutionen und der Partnerstädte. In der Regel hinterlässt der Ehrengast lediglich seinen Namenszug, selten einen Kommentar.

Da Frankfurt häufig hohen Besuch erhält, waren bereits 1966 die ersten 500 Seiten des Goldenen Buches vollgeschrieben. Ein neuer, ebenso prachtvoller Einband für weitere Signaturen wurde angefertigt, er ist eine Stiftung des Bankiers Johann Philipp von Bethmann (1924–2007).

Neben diesem besonderen „Geschichtsbuch der Stadt“, das in einer reich verzierten Holzschatulle, die in einem Tresor lagert, ruht, unterhält die Stadt auch das „Goldene Buch der Stiftungen“, in das sich Stifter und Mäzene eintragen dürfen.

32 Lernen fürs Leben
Die Bildungsstadt Frankfurt

Jahrhundertelang lag die Vermittlung von Bildung bei Kirchen und Klöstern, ab dem späten Mittelalter eröffneten auch Städte Lateinschulen, Vorläufer der Humanistischen Gymnasien, an denen nur Jungen unterrichtet wurden. In Frankfurt errichtete der Rat der Stadt eine solche Bildungseinrichtung 1520, aus der das Altsprachliche Gymnasium (heutiges Lessing-Gymnasium) hervorging, von dem sich wiederum 1897 das Reformgymnasium (heutiges Goethe-Gymnasium) abspaltete.

Das Reformgymnasium war eine Neugründung, die sich am Frankfurter Lehrplan orientierte. Das erstmals in Frankfurt verwirklichte Modell reformierte das Gymnasialwesen in ganz Preußen: Erste Fremdsprache war nun nicht mehr, wie am Altsprachlichen Gymnasium, Latein, sondern Französisch, es folgten Latein und Altgriechisch oder Englisch. Als eine der ersten Schulen in Deutschland und erstes Gymnasium in Hessen führte das Goethe-Gymnasium 1969 den bilingualen Unterricht ein, d.h. der Lehrstoff wird in mindestens einem Fach (meist Geschichte) in Deutsch und einer anderen Sprache (meist Englisch) unterrichtet.

Zweitälteste Höhere Schule Frankfurts ist die 1803 als Realschule gegründete Musterschule. Ihren Namen erhielt sie, da sie als „Probier- und Experimentierschule" nach den Ideen von Johann Heinrich Pestalozzi (1746–1827) unterrichtete.

Ab dem ersten Drittel des 19. Jahrhunderts errichteten in einigen Städten fortschrittliche Bürger „Höhere Töchterschulen", auf denen die Mädchen auf ihre späteren Pflichten als Ehefrau und Mutter vorbereitet wurden. Sie erhielten damit Fähigkeiten und Wissen vermittelt, welche über die Elementarkenntnisse in Lesen, Rechnen und Schreiben hinausgingen. Auch in Frankfurt initiierten Vertreter des Groß- und Bildungsbürgertums die Gründung einer „Höheren Töchterschule", die dann mit Unterstützung des Magistrats 1867 eröffnet wurde. Die wenigen Mädchen, die bislang nach der Volksschule Unterricht erhielten, etwa um den Beruf der Lehrerin auszuüben, hatten dazu Gelegenheit an einer eigenen Mädchenabteilung der Musterschule. Bereits mit Beginn ihrer Eigenständigkeit erhielt die Höhere Mädchenschule ihren heutigen Namen, Elisabethenschule, benannt nach Goethes Mutter Catharina Elisabeth Goethe (1731–1808).

Mit dem Philanthropin war zwischen 1804 bis zur erzwungenen Schließung durch die Nationalsozialisten 1942 auch die größte und am längsten bestehende jüdische Schule in Deutschland ansässig. Die Schule in der Rechneigrabenstraße verfügte über eine Vorschule, eine Realschule und eine Mädchenschule; zum Gymnasium aufgewertet, konnte hier ab 1928 auch das Abitur abgelegt werden. Mit der I. E. Lichtigfeld-Schule, deren

Universitätsgebäude, Ecke Senckenberganlage/Mertonstraße (Postkarte von 1932).

Namensgeber Isaak Emil Lichtigfeld (1894–1967), Landesrabbiner von Hessen, ist, unterhält die Jüdische Gemeinde Frankfurt seit 1966 wieder eine Schule. Gegründet als Grundschule, kann man an ihr, die auch nichtjüdische Schüler aufnimmt, seit 2021 Abitur machen.

Insgesamt gibt es rund 170 allgemeinbildende Schulen in Frankfurt, an denen mehr als 75.000 Schüler unterrichtet werden. Die bekannteste Bildungseinrichtung der Stadt ist jedoch die 1914 gegründete Universität, die seit 1932 nach Johann Wolfgang Goethe benannt ist. Mit rund 43.000 Studenten gehört sie zu den größten Universitäten Deutschlands. Untergebracht ist sie an fünf Standorten, deren Gebäude selbst Architekturgeschichte widerspiegeln. So nutzt der Campus Westend, seit 2015 Hauptsitz der Uni, das 1931 vollendete I.G.-Farben-Haus für die Verwaltung sowie für die gesellschafts- und geisteswissenschaftlichen Fächer.

33 Drehkreuz Frankfurt
Der Flughafen

Im Süden Frankfurts und östlich der heutigen A 5 liegt Zeppelinheim, ein Stadtteil von Neu-Isenburg. Wie der Name vermuten lässt, entstand hier ab Mitte der 1930er-Jahre eine Wohnsiedlung für die Luftschiffer, die auf dem im Juli 1936 eröffneten Flughafen beschäftigt waren. Der Neubau des Flug- und Luftschiffhafens Rhein-Main mit der damals größten Luftschiffhalle der Welt löste den bereits 1912 errichteten Flughafen am Rebstock ab, der für mehr als zwei Jahrzehnte Standort der legendären Zeppeline war.

Die Blütezeit der Luftschifffahrt begann Ende der 1920er-Jahre, als der 1928 in Dienst genommene LZ 127 „Graf Zeppelin" mit seinen besonderen Fahrten (Nordamerikafahrt, Orientfahrt, Weltfahrt, Südamerikafahrt, Palästinafahrt, Polarfahrt) weltweit für große Aufmerksamkeit sorgte. Ab 1931 wurde ab Frankfurt ein regelmäßiger Luftschiffverkehr nach Brasilien und nach Lakehurst bei New York betrieben. Der Absturz des LZ 129 „Hindenburg" im Mai 1937 in Lakehurst beendete die Ära der Luftschifffahrt. Zu dieser Zeit wurde Frankfurt von 27 Fluggesellschaften angeflogen, von hier fand die zentrale Verteilung der Luftpost nach Nordamerika statt. Während des Krieges wurde der Flughafen nur militärisch genutzt. Nach Instandsetzung des beschädigten Geländes diente das Flugfeld als amerikanischer Luftwaffenstützpunkt. Von hier aus starteten während der Blockade Berlins (Juni 1948 bis Mai 1949) die „Rosinenbomber" genannten Hilfsgüter nach West-Berlin. An diese großartige Unterstützung und Meisterleistung der US-amerikanischen Piloten erinnert seit 1985 das Luftbrückendenkmal am Rande des Flughafens, in Nähe der A 5. Mit der Wiedererlangung der Lufthoheit 1955 durch die Bundesrepublik wurde der Flughafen kontinuierlich ausgebaut, die Flugbewegungen nahmen deutlich zu,

Postkarte vom Frankfurter Flughafen, 1935.

allerdings auch der Fluglärm. Aus dem ersten Flughafengebäude entwickelten sich die heutigen Empfangsgebäude: das 1972 eingeweihte Terminal 1, das 1994 eröffnete Terminal 2 und das Terminal 3 (die Eröffnung ist für 2026 vorgesehen). Zu den umstrittensten Bauprojekten des Flughafens gehörte die 4000 Meter lange Startbahn West. Ihr Bau und ihre Inbetriebnahme 1984 waren von zahlreichen und teils sehr gewaltsamen Protesten der Umweltbewegung begleitet. Spektakulär war auch die Errichtung des 1999 eröffneten Flughafens Fernbahnhof, der den 1972 eingeweihten Regionalbahnhof ergänzte.

Mit seinen vier Start- und Landebahnen und einem Fluggastaufkommen von rund 49 Millionen Passagieren (2022, vor der Pandemie, 2019: ca. 70 Millionen) ist Frankfurt der viertgrößte Flughafen Europas; mit einem Frachtaufkommen von über zwei Millionen Tonnen steht er europaweit sogar an erster Stelle. Einmalig ist zudem die vollautomatische Gepäckförderanlage. Auf einer Netzlänge von 70 Kilometern können innerhalb einer Stunde bis zu 18.000 Gepäckstücke auf den insgesamt 78 Ausladeplätzen verteilt werden. Pro Jahr werden so rund 39 Millionen Gepäckstücke befördert.

Betrieben wird der Flughafen von der 1947 gegründeten und seit 2001 an der Börse vertretenen Fraport AG, die mehrheitlich dem Land Hessen und der Stadt Frankfurt gehört. Mit rund 81.000 Beschäftigten ist der Flughafen die größte Arbeitsstätte Frankfurts. Rund 450 Firmen und Institutionen sind hier ansässig, vielfältig ist das fast unüberschaubare Angebot, der Flughafen bildet einen Kosmos für sich. Er gilt jedoch nicht nur dem internationalen Flugverkehr – mit öffentlichen Verkehrsmitteln bestens erreichbar, lädt er auch zur entdeckungsreichen Besichtigung ein. So lässt sich ein Besuch der Sehenswürdigkeiten der Innenstadt bequem kombinieren mit einem Ausflug zum größten deutschen Flughafen.

34 Frankfurt und seine Philosophen

Die Frankfurter Schule

Große Städte mit Geschichte und Kultur zogen und ziehen noch heute große Geister an. Zu den Persönlichkeiten, die sich in Frankfurt niederließen, gehört der Philosoph Arthur Schopenhauer (1788–1860). Geboren in Danzig, wuchs er in Hamburg auf, er verbrachte entscheidende Jahre in Weimar, wo er Goethe kennenlernte, und ging, dank des väterlichen Erbes finanziell unabhängig, auf Reisen, bevor er ab 1820 an der Berliner Universität Vorlesungen in Philosophie gab. Angesichts einer Choleraepidemie 1831 verließ er Berlin und ging nach Frankfurt. Nach einem einjährigen Aufenthalt in Mannheim ließ er sich ab Juli 1833 dauerhaft in Frankfurt nieder, wo er als Privatgelehrter am Mainufer bis zu seinem Tode lebte. Bestattet wurde er auf dem Hauptfriedhof.

Als unnahbar und Menschenfeind bezeichnet, war Schopenhauer bereits zu seiner Zeit ein viel beachteter Philosoph. Bis heute vielen bekannt, zumindest dem Titel nach, ist sein erstmals 1819 erschienenes Hauptwerk „Die Welt als Wille und Vorstellung“. In seinen erkenntnistheoretischen, metaphysischen, ästhetischen und ethischen Betrachtungen ist er der Annahme, dass die Welt zum einen Wille ist, zum anderen nur in unserer Vorstellung existiert. Schopenhauers inhaltsreiche Schrift wirkte auf zahlreiche Wissenschaftler, Philosophen, Psychologen und Künstler. Vielen Laien ist der „Frankfurter Spaziergänger“ – Schopenhauer soll nach seinen täglichen Mahlzeiten in Gasthäusern einen zweistündigen Spaziergang mit seinem Hund am Mainufer gemacht haben – bekannt, da er seine jeweiligen Pudel auch mit „Mensch“ anredete.

Schopenhauer hatte auch Einfluss auf Richard Wagner (1813–1883), Friedrich Nietzsche (1844–1900) und spätere Frankfurter Professoren, die als Vertreter der „Frankfurter Schule“ in die Philosophiegeschichte eingegangen sind. Zur ersten Generation dieser Denkschule, die aus dem 1924 eröffneten Institut für Sozialforschung der Goethe-Universität hervorging, gehörten der Sozialphilosoph Max Horkheimer (1895–1973), der Ökonom und Soziologe Friedrich Pollock (1894–1970), der in Frankfurt geborene Soziologe und Komponist Theodor W. Adorno (1903–1969), die ebenfalls hier geborenen Erich Fromm (1900–1980), Psychoanalytiker, und Leo Löwenthal (1900–1993), Literatursoziologe. In ihrer ab 1932 herausgegebenen „Zeitschrift für Sozialforschung“ diskutierten die Wissenschaftler die Leitideen einer „Kritischen Theorie“ der Gesellschaft. 1933 wurde das Institut von den Nationalsozialisten geschlossen, die Mitglieder emigrierten und errichteten Zweigstellen in Genf, Paris und New York. Seit 1949 wieder in Frankfurt ansässig, ist das Institut der Universität angeschlossen. Es arbeitete interdisziplinär und nahm mit diesem Ansatz in

Institut für Sozialforschung, Senckenberganlage.

damaliger Zeit eine Vorreiterrolle ein, die Vermittlung der theoretischen Grundlagenkritik ging einher mit empirischen Studien. Forschungsschwerpunkte waren Bereiche, denen bislang wenig Aufmerksamkeit galt, nämlich Familie, Autoritätsstrukturen, Massenmedien oder Musikwissenschaft. Nachhaltige Bedeutung gewann die Einrichtung für die 68er-Bewegung. Einflussreichster Philosoph der zweiten Generation der Frankfurter Schule (seit 1956) ist der Soziologe Jürgen Habermas (geb. 1929), von 1964 bis 1971 Lehrstuhlinhaber für Philosophie und Soziologie an der Uni Frankfurt, der mit seinen sozialphilosophischen und rationalitätstheoretischen Diskursen weltweite Anerkennung fand und der sich noch immer leidenschaftlich zu Themen der aktuellen Politik äußert.

35 Licht, Luft, Natur
Die Ernst-May-Siedlungen

Das Stadtbild von Frankfurt hat viele Gesichter. Neben den prachtvollen Fassaden der Gründerzeit und des Jugendstils und den postmodernen Bauten unserer Tage lässt sich eine weitere bemerkenswerte Architektur entdecken: die Ernst-May-Siedlungen.

Die ursprünglich sozialreformerische Idee, am Rande der Großstädte neue, von viel Grün umgebene Siedlungen zu errichten, stammt von dem Briten Ebenezer Howard (1850–1928) und ist eine Antwort auf das Wachstum der Zentren während der Hochindustrialisierung. Das Modell einer „Stadt in der Landschaft“ griffen Stadtplaner, Architekten und Sozialreformer auch in Deutschland auf (ähnlich gestaltet sind die Weißenhofsiedlung in Stuttgart, die Gartenstadt in Mannheim und die Bauhaus-Architektur in Dessau). Nach dem Ersten Weltkrieg herrschte in Frankfurt große Wohnungsnot, die hygienischen Zustände waren oftmals desolat, ein groß angelegtes Stadtentwicklungsprojekt sollte Abhilfe schaffen. Oberbürgermeister Ludwig Landmann (1868–1945) wurde auf den jungen Architekten Ernst May aufmerksam, der sich gerade einen Namen als Planer „Ländlicher Häuser“ für die Vororte von Breslau gemacht hatte. 1925 wechselte May als städtischer Baurat in seine Geburtsstadt Frankfurt, wo er als Leiter des Hochbau- und Siedlungsamtes für die Stadt- und Regionalplanung, für Hoch- und Tiefbau sowie für das Garten- und Friedhofswesen zuständig war. Mit Unterstützung zahlreicher Architekten, Techniker und Designer plante May nun das „Neue Frankfurt“, das eine kontrollierte Stadterweiterung mit genügend Grünflächen vorsah. So entstanden zwischen 1925 und 1932 die Siedlung Bruchfeldstraße (auch „Zickzackhausen“ genannt) in Niederrad, die Siedlung Praunheim und Westhausen in Praunheim, die Siedlung Bornheimer Hang in Bornheim, die Siedlung Römerstadt in Heddernheim sowie die Heimatsiedlung in Sachsenhausen und die Hellerhofsiedlung im Stadtteil Gallus; allesamt werden sie gerne als „May-Siedlungen“ bezeichnet. Dank Standardisierung und Normung industriell gefertigter Bauteile war ein kostengünstiges Bauen bei hohem Wohnkomfort möglich. Zu den Bauten, die sich alle durch Funktionalität auszeichnen, gehören kleinteilige räumliche Strukturen, aber auch Wohnungen mit mehr als 100 Quadratmetern und Reihenhäuser mit idyllischen Gärten; folglich boten sie eine neue und liebenswerte Heimat für Arbeiter, Angestellte und Beamte. Auch Geschäfte des täglichen Bedarfs waren Teil des neuen Konzepts oder Sakralbauten, die nach Plänen des Frankfurter Architekten Martin Weber (1890–1941) entstanden, so zum Beispiel die Kirchen St. Bonifatius (1928) in Sachsenhausen, Heilig-Kreuz (1928) am Bornheimer Hang, Christ-König (1930) in Praunheim. Ein weiterer bedeutender Architekt des „Neuen Frankfurts“ war

Von Ernst May geplante Häuserzeile an der Wittelsbacherallee.

Martin Elsaesser (1884–1957), von dem die Großmarkthalle (1928) im Ostend, die Gustav-Adolf-Kirche in Niederursel (1928) oder die Volksschule (1929) in der Siedlung Römerstadt (heutige Geschwister-Scholl-Schule) stammen.

Das „Neue Frankfurt" war eines der größten Bauprojekte der Weimarer Zeit. Längst stehen die Bauten als wegweisendes Beispiel der Klassischen Moderne unter Denkmalschutz. Während die Reihenhäuser inzwischen an Privatpersonen verkauft sind, gehören die meisten Wohnungen der ABG Frankfurt Holding, dem städtischen Wohnungs- und Immobilienkonzern. In Bornheim, am Zusammentreffen der Wittelsbacherallee und der Inheidener Straße, ist dem Schöpfer der Siedlungen seit 1995 ein Platz gewidmet. Nach einem abenteuerlichen Leben, u.a. in der Sowjetunion und in Ostafrika, war May, da vom Nationalsozialismus unbelastet, in der Nachkriegszeit deutschlandweit wieder ein gefragter Architekt, so in Mainz und in Hamburg, wo er 1970 verstarb.

36 Erfolgsmodell auf engstem Raum
Die Frankfurter Küche

Nicht nur der Frankfurter Schrank ist in die europäische Möbelgeschichte eingegangen, auch die Frankfurter Küche, ein weiteres Erfolgsmodell aus der Mainmetropole. Die Frankfurter Küche gilt als Urtyp der heutigen Einbauküche, ihr Vorbild wiederum ist die Speisenwagenküche der Eisenbahn, wie sie bereits ab 1892 in den D-Zügen von Berlin bis Köln im Einsatz war.

Der in Frankfurt geborene Architekt Ernst May (1886–1970) plante als Leiter des Hochbauamtes ab Mitte der 1920er-Jahre das „Neue Frankfurt", das im Rahmen der auch andernorts verwirklichten Gartenstadtbewegung zeitgemäßen Wohnraum (fließendes Wasser, Gas und Elektroenergie) zu erschwinglichen Preisen vorsah. Sachlich und zweckmäßig wie die Wohnungen sollte auch die Küche gestaltet sein. Den Entwurf für diesen praktischen Arbeitsplatz schuf die Wiener Architektin Margarete Schütte-Lihotzky (1897–2000), die von May im Frankfurter Hochbauamt engagiert wurde und deren innovatives Ergebnis auf der Frankfurter Frühjahrsmesse 1927 präsentiert wurde. Ihr „Labor der Hausfrau", mit dem sie international bekannt wurde, orientierte sich an industriellen Arbeitsvorgängen: auf engstem Raum (ca. 2 auf 3,4 Meter) sollte ein Maximum an Ausstattung zur Verfügung stehen, wenige Handgriffe und Schritte sollten Zeit sparen und so die Küchenarbeit erleichtern. Die kompakte Küche war als Arbeitsplatz für eine Person konzipiert, was eine bewusste Abkehr von den bisherigen Wohnküchen bedeutete. Sie verfügte über einen kombinierten Elektro-Kohle-Herd, über Hängeschränke mit Schiebetüren und Unterschränke mit praktischen Vorratsschütten aus hygienisch unbedenklichem Aluminium, über eine Arbeitsplatte vor dem Fenster und eine Spüle mit einem Doppelbecken und Tellerabtropfgestell. Die Standardvariante der Frankfurter Küche wurde als Modulsystem in großen Mengen hergestellt, was Kostenersparnis bedeutete. Die Kosten der Küche (zunächst 500, dann, dank der Fließbandfertigung, rund 300 Reichsmark) wurden auf die Miete aufgeschlagen. Rund 10.000 der 15.000 Frankfurter May-Wohnungen wurden mit dieser effizienten Küche eingerichtet. Von der Frankfurter Küche gab es eine große und eine kleine Version, bis 1930 kam es zur Weiterentwicklung und Variationen. Noch nicht vorgesehen waren Küchengeräte und ein Eisschrank, Vorläufer des Kühlschranks. Ursprünglich blaugrün oder erbsengrün gestrichen, waren die Holzteile der Küchen aus späterer Produktion creme-weiß gestrichen. Eine Schiebtür trennte die Küche vom Wohnraum. Einen Großteil der Küchen fertigte die Firma Haarer in Hanau. Die Frankfurter Küche wurde zum Inbegriff von Sachlichkeit und Funktionalität, ihre Gleichförmigkeit sollte auch die Klassengegensätze nivellieren. Da der soziale Wohnungsbau nach 1945 andere

Frankfurter Küche, Typ D aus der Frankfurter Römerstadt-Wohnsiedlung, 1927 (Historisches Museum Frankfurt).

Küchengrundrisse vorsah, hatte die Frankfurter Küche weitgehend ausgedient. Bemängelt wurde auch ihre mangelnde Flexibilität. Das Ernst-May-Haus in Frankfurt-Römerstadt enthält die einzige öffentlich zugängliche Küche am ursprünglichen Ort, weitere Küchen sind in einigen Museen zu besichtigen, u.a. im Historischen Museum der Stadt. So wird ein Stück Möbelgeschichte bewahrt, die zu ihrer Zeit revolutionär war. Dagegen wundert es, dass in Frankfurt keine Straße, kein Platz an Margarete Schütte-Lihotzky erinnert.

37 Von der Markthalle zur EZB-Zentrale
Die Großmarkthalle

Zu den weiteren architektonischen Meisterleistungen, die ebenfalls im Rahmen des Bauprojekts „Neues Frankfurt" entstanden, gehört die im Oktober 1928 eröffnete Großmarkthalle in Nähe des Osthafenparks. Während die 1879 eingeweihte (1944 zerstörte und 1954 wieder aufgebaute) Markthalle in der Altstadt auch weiterhin der Bevölkerung der Innenstadt frisches Obst, Gemüse, Fleisch und Fisch und weitere Lebensmittel anbietet, war der Neubau vor allem für die Großhändler gedacht.

Solche zentral gelegenen Markthallen waren in allen Großstädten ab den 1870/80er-Jahren aufgekommen, in einer Zeit also, in der es noch keine Lebensmittelgeschäfte gab. In den Hallen konnten Landwirte der Umgebung ihre Waren ganzjährig und wetterunabhängig den Verbrauchern verkaufen. Bis dahin war der Handel bestimmter Waren auf speziellen Plätzen (Hühnermarkt, Weckmarkt, Fischmarkt, Kornmarkt, Roßmarkt) an besonderen Tagen üblich.

Erste Pläne zur Errichtung einer zeitgemäßen Großmarkthalle bestanden bereits Anfang des 20. Jahrhunderts, doch die wirtschaftlich schwierige Situation nach dem Ersten Weltkrieg verzögerte das Bauvorhaben, das dann dem Architekten Martin Elsaesser, seit 1925 Leiter des städtischen Hochbauamtes, übertragen wurde. Mit der Eröffnung des modernen Zweckbaus ging auch der Bahnhof Großmarkthalle in Betrieb. Angeschlossen waren die Strecken nach Hanau und in Richtung Limburg, sodass die zahlreichen Güter bequem aus dem Umland in die Stadt bzw. zum Osthafen und umgekehrt von der Großmarkthalle aufs Land transportiert werden konnten.

Der Monumentalbau war bei Inbetriebnahme das größte Gebäude der Stadt; es war 220 Meter lang und 50 Meter breit, in der 13.000 Quadratmeter großen Halle waren bis zu 130 Verkaufsplätze untergebracht. Zu den Kunden gehörten gewerbliche Wiederverkäufer, die die innenstädtischen Warenhäuser belieferten oder Inhaber von Gaststätten und Hotels. Außer den Verkaufs- und Lagerflächen befanden sich im Gebäude Büros, auf den Außenflächen hatten Speditionen ihre Fahrzeuge geparkt.

Eine unrühmliche Rolle spielte der Ort unter dem Hakenkreuz: Ab 1941 nutzte die Geheime Staatspolizei die Kellerräume der Großmarkthalle als Sammelpunkt für Juden, die vom nahe gelegenen Bahnhof in den Osten (u.a. nach Buchenwald, Theresienstadt, Auschwitz, Minsk, Riga) und damit zum großen Teil in den Tod deportiert wurden. An diese 20 Transporte in die Vernichtungslager erinnert seit 2015 eine Gedenkstätte. Während der Marktbetrieb weiterlief, wurden von hier mehr als 10.000 Menschen mit den Zügen der Deutschen Reichsbahn transportiert.

Bereits 1984 unter Denkmalschutz gestellt, war die Halle bis 2004 in Betrieb.

Großmarkthalle, Ansicht von 1930.

Anbauten, die nicht aus der Entstehungszeit stammten, wurden 2008 abgerissen. Zu neuen Ehren kam der architektonisch bedeutende Komplex, nachdem die Europäische Zentralbank 2005 das Areal erworben und mit einem 165 Meter und 185 Meter hohen Doppelbüroturm bebaut hatte. Der durch die Halle neu geschaffene Querriegel (mit Konferenzraum und Restaurant) dient seitdem als Eingang zu dem markanten Wolkenkratzer. Das im März 2015 eröffnete EZB-Gebäude verbindet somit moderne Architektur der 1920er-Jahre mit modernster Bautechnik unserer Tage.

38 Auf Sendung
Der Hessische Rundfunk (hr)

Der 29. Oktober 1923 gilt als Geburtsstunde des deutschen Rundfunks: Von Berlin aus wurde die erste Unterhaltungssendung ausgestrahlt, sie war allerdings zunächst nur in der Reichshauptstadt und dort nur von wenigen Hörern zu empfangen. Nach Berliner Vorbild entstanden in den Großstädten des Reiches Hauptsender, so auch der Südwestdeutsche Rundfunk mit Sitz in Frankfurt (seit 1930 an der Eschersheimer Landstraße); er kann als Vorläufer des heutigen Hessischen Rundfunks (hr) bezeichnet werden. Mit der Verstaatlichung zu Beginn der NS-Herrschaft 1933 wurde er in Reichssender Frankfurt umbenannt.

Im Januar 1949 übergab die US-amerikanische Militärregierung die Rundfunkhoheit den Deutschen. Kurz zuvor, im Oktober 1948, war aus Radio Frankfurt, das zunächst aus einem provisorischen Studio in Bad Nauheim gesendet hatte, der Hessische Rundfunk (hr) entstanden. Seit 1951 befindet er sich im Stadtteil Dornbusch. Dort hatte er ein neues Gebäude bezogen, das ursprünglich als Sitz des Deutschen Bundestags geplant war, da Frankfurt sich 1948/49 als neue Bundeshauptstadt beworben hatte (dann aber knapp Bonn unterlag). Schon früh war der hr für sein anspruchsvolles Nachtprogramm bekannt. Zuständig für das „Abendstudio" war der Schriftsteller Alfred Andersch (1914–1980), der sich selbst mit zeitkritischen Essays an politischen Diskussionen beteiligte, in seinen Gesprächsrunden aber auch prominente Repräsentanten der „Frankfurter Schule" wie Theodor W. Adorno (1903–1969) und Jürgen Habermas (geb. 1929) oder bekannte Publizisten wie Alexander Mitscherlich (1908–1982) und Hans Magnus Enzensberger (1929–2022) zu Wort kommen ließ. 1964 startete das 3. Programm des hr, das zunächst Sendungen für ausländische Arbeitnehmer produzierte, ab 1972 brachte es als „hr3 – die Servicewelle aus Frankfurt" ein breit gefächertes Programm aus Informationen und Musik, schließlich wandelte sich der Sender zur Popwelle des Landes. Geradezu revolutionär war ein „Experiment zur Überwindung von Bildungsschranken": Im Mai 1966 hatte im 2. Programm des hr in Kooperation mit der Goethe-Universität der Fernstudienlehrgang „Funkkolleg" begonnen (bis 2021), der sich zunächst an hessische Lehrer wandte, um ihnen im Fernstudium eine Zusatzqualifikation im Fach Sozialkunde zu ermöglichen (es folgte die Ausweitung des Angebots an alle Berufsgruppen). Ab 1969 schlossen sich diesem Bildungsangebot weitere Sender an. Bereits 1949 hatte der hr Pionierarbeit geleistet; mit der 77-teiligen Hörspielreihe „Die Hesselbachs" strahlte er die erste Familienserie aus (ab 1960 zeigte die ARD die Serie unter dem Titel „Die Firma Hesselbach"). Der Erfolg der Sendung war so groß, dass auch

Blick auf die „Goldhalle“, Foyer des Sendesaals.

andere Rundfunkanstalten mit vergleichbaren Serien folgten. Zum Profil des hr gehört ferner die Förderung der Neuen Musik („Internationales Musikfest des Hessischen Rundfunks“) und der Ausbau des Schulfunks. Hatte der Hörfunk als führendes Massenmedium Ende der 1950er-Jahre die Tageszeitung zu einem zweitrangigen Medium werden lassen, so bedeutete die Einführung der ARD (1950) und des ZDF (1963) für den Rundfunk Konkurrenz. Aushängeschilder des Fernsehens waren bekannte Radiomoderatoren, die ihre Popularität deutschlandweit über Unterhaltungssendungen steigern konnten. Zu den großen Entertainern der 1960/70er-Jahre zählen Peter Frankenfeld (1913–1979), Hans-Joachim Kulenkampff (1921–1998) und Heinz Schenk (1924–2014), die ihre Karriere beim hr begonnen hatten, u.a. moderierten sie die Frühsendung „Frankfurter Wecker“. Dann wurden sie einem Millionenpublikum bekannt als Showmaster der Abendsendungen „Musik ist Trumpf“ bzw. „Einer wird gewinnen“ und „Zum Blauen Bock“. Der Wechsel dieser Größen der Unterhaltung und der Quizsendungen war für den Rundfunk ein herber Verlust, er bedeutete einen Rückgang der Hörerzahlen. Seit Mai 1961 strahlt der hr sein eigenes regionales Fernsehprogramm aus (ab Ende 1954 war er am ARD-Gemeinschaftsprogramm beteiligt; in diesem Zusammenhang entstand 1959 für das regional ausgestrahlte Vorabendprogramm die Zeichentrickfigur Onkel Otto). Doch auch im digitalen Zeitalter behauptet sich der hr-Hörfunk, der sechs Programme umfasst (hr1, hr2-kultur, hr3, hr4, hr-iNFO, YOU FM) und der täglich von mehr als 2,5 Millionen Menschen gehört wird. Zu den bekanntesten Klangkörpern des Hörfunks gehört die auch überregional beliebte hr-Bigband. Bereits 1946 gegründet, ist sie das Markenzeichen des Hessischen Rundfunks.

39 Die Deutsche Nationalbibliothek
Der Standort Frankfurt

Bücher sind heutzutage Massenware, im digitalen Zeitalter können sie auf Bestellung innerhalb kurzer Zeit gedruckt werden. Nach dem Lesen landen viele von ihnen in der Blauen Tonne, bestenfalls auf einem Flohmarkt oder in einem Bücherschrank, der im öffentlichen Raum aufgestellt ist und aus dem sich jeder Interessierte ein Buch nehmen darf. Doch eine Institution sorgt dafür, dass kein Buch in Vergessenheit gerät: die Deutsche Nationalbibliothek (DNB).

Die DNB blickt auf eine abwechslungsreiche Vergangenheit zurück, die deutsche Geschichte widerspiegelt. Hatten bislang nationale Bibliotheken wie die Bayerische Staatsbibliothek oder die Preußische Staatsbibliothek neu gedruckte Bücher ihres Landes gesammelt, so übernahm ab 1913 die im Jahr zuvor in Leipzig gegründete „Deutsche Bücherei" die zentrale Aufgabe, das nationale Schrifttum vollständig zu sammeln und zu archivieren. Nach dem Zweiten Weltkrieg beschränkte sich die „Deutsche Bücherei" auf das Schriftgut der Ostzone bzw. (ab 1949) auf den Buchmarkt der DDR. Als Folge der deutschen Teilung wurde Ende 1946 vom Börsenverein des Deutschen Buchhandels in Frankfurt die „Deutsche Bibliothek" gegründet, die für die westlichen Besatzungszonen bzw. (ab 1949) für die Bundesrepublik zuständig war. Mit der Wiedervereinigung Deutschlands 1990 kam es auch zur Zusammenlegung beider Institutionen. Sitz der „Deutschen Bibliothek" ist Frankfurt/Main mit den beiden Standorten Frankfurt und Leipzig (eine eigene Abteilung bildet dort das 1970 gegründete Musikarchiv). 2006 erfolgte die Umbenennung in „Deutsche Nationalbibliothek". Der „Sammelauftrag", so die Selbstauskunft der Einrichtung, die eine Anstalt des öffentlichen Rechts ist und der Aufsicht des Beauftragten der Bundesregierung für Kultur und Medien untersteht, „umfasst alle Publikationen in Schrift, Bild und Ton, die seit 1913 in Deutschland, in deutscher Sprache, als Übersetzung aus der deutschen Sprache oder über Deutschland veröffentlicht wurden". Gemäß Pflichtexemplarrecht müssen von jeder in Deutschland hergestellten Veröffentlichung, die eine ISBN (Internationale Standardbuchnummer) führt, zwei Pflichtexemplare (in der Regel unentgeltlich) an die DNB abgegeben werden. Inzwischen umfasst der Gesamtbestand der DNB mehr als 46,3 Millionen Medieneinheiten. Dazu gehören rund 18 Millionen Monografien (auch Noten, Karten) und ca. 8,6 Millionen Zeitungen und Zeitschriften und (seit 2006) unzählige Netzpublikationen. Der jährliche Zuwachs beträgt ca. 2,6 Millionen Medienwerke. Verteilt ist der Magazinbestand auf rund 415 Regalkilometer. Bücher und Zeitschriften können nicht ausgeliehen, sondern nur im Lesesaal eingesehen werden. Ab 1959 in der Zeppelinallee ansässig,

Die Deutsche Nationalbibliothek, Ecke Adickesallee/Eckenheimer Landstraße.

befindet sich der Standort Frankfurt seit Mai 1997 an der Adickesallee (gegenüber dem Haupteingang des Hauptfriedhofs). Die Hauptnutzfläche beträgt hier 47.000 Quadratmeter, hinzu kommt auf drei unterirdischen Geschossen eine Magazinfläche von 31.000 Quadratmetern. Neben dem umfangreichen Angebot (13,7 Millionen Medien und 12,3 Millionen Netzpublikationen) bietet das Haus regelmäßig kulturelle Veranstaltungen (Lesungen, Vorträge, Wechselausstellungen). Die DNB ist die größte Bibliothek Deutschlands und eine der weltweit größten Bibliotheken – zu Recht gilt sie als „Gedächtnis der Nation".

40 Verkehrsknoten Frankfurt
Das Frankfurter Kreuz

Das Autobahnkreuz Frankfurt, an dem sich die A 3 (Köln-Passau) und die hier zehnspurig ausgebaute A 5 (Bad Hersfeld-Weil am Rhein) sowie die B 43 (Wiesbaden-Hanau) treffen, dokumentiert ein Stück Verkehrs- und Architekturgeschichte, es ist das Ergebnis einer großen Ingenieursleistung und der harten Arbeit Tausender Bauarbeiter.

Zur Vorgeschichte des heutigen Autobahnwesens gehört der 1926 gegründete „Verein zur Vorbereitung der Autostraße Hansestädte–Frankfurt–Basel“ (HaFraBa e.V.), der den Bau einer rund 880 Kilometer langen kreuzungsfreien Straße für den Kraftwagen-Schnellverkehr von Nord- nach Süddeutschland beabsichtigte. Den Begriff „Autobahn“ prägte der Bauingenieur und Professor für Eisenbau und Statik Robert Otzen (1872–1934), Vorsitzender der HaFraBa. An den Planungen für den Bereich Frankfurt war maßgeblich Ludwig Landmann (1868–1945), Oberbürgermeister der Stadt von 1924 bis 1933, beteiligt.

Landmann, den die Nationalsozialisten seiner jüdischen Herkunft wegen 1933 aus dem Amt jagten, hatte bereits zuvor wegweisende Infrastrukturmaßnahmen initiiert. So ließ er den Flughafen Frankfurt-Rebstock zu einem wichtigen Knotenpunkt im Netz der 1926 gegründeten Deutschen Lufthansa ausbauen. Ebenso betrieb Landmann Eingemeindungen, wodurch sich das Stadtgebiet erweiterte und Frankfurt mehr als 500.000 Einwohner groß wurde (1928).

Zwar gilt als erste Autobahn in Deutschland die 1932 eingeweihte Strecke Köln–Bonn, doch das erste konzipierte Autobahnkreuz war schon 1933 für Frankfurt vorgesehen (tatsächlich ging dann das Schkeuditzer Kreuz bei Leipzig 1936 als erstes Autobahnkreuz Deutschlands in Betrieb). Unter den Nationalsozialisten wurde der Autobahnbau forciert. Zuständig war Fritz Todt (1891–1942), Generalinspekteur für das Straßenwesen. Bereits im September 1933 war der Spatenstich zum Bau der Reichsautobahn Frankfurt–Heidelberg erfolgt, ein Jahr später begann in Etappen der Ausbau der Trasse. Erste Arbeiten am Autobahnkreuz, das im Südwesten der Stadt in Kleeblattform angelegt werden sollte, wurden kriegsbedingt 1942 eingestellt. Die Wiederaufnahme der Bautätigkeit erfolgte im Februar 1953; es handelte sich um das größte Straßenbauprojekt der Nachkriegszeit. Am 10. Juli 1956 übergab Verkehrsminister Hans-Christoph Seebohm (1903–1967) das Autobahnkreuz dem Verkehr. Anlässlich der Eröffnung titelte die FAZ: „Der größte und modernste Verkehrsmittelpunkt in Deutschland ist fertig geworden.“ Doch die für die meisten Autofahrer ungewohnte Verkehrsführung und der stetig steigende Verkehr führten zu zahlreichen schweren Unfällen, weshalb das Frankfurter Kreuz bereits zu Beginn der 1970er-Jahre umgebaut wurde, eine tiefgreifende Umgestaltung erfolgte zwischen

Das 1956 fertiggestellte Frankfurter Kreuz ist der größte Verkehrsknoten in der Rhein-Main-Region.

1995 und 2000. Das viel befahrene Kreuz wird seit 1995 unterquert von der ICE-Schnellfahrstrecke Frankfurt–Köln. Mit durchschnittlich 340.000 Fahrzeugen pro Tag ist das Frankfurter Kreuz das meistbefahrene Autobahnkreuz in Deutschland und – mit dem benachbarten Flughafen und mehreren Eisenbahnstrecken – einer der bedeutendsten Verkehrsknoten Europas. Touristische Hinweisschilder an der A 5 im Bereich des Frankfurter Kreuzes weisen auf die „Europastadt Frankfurt am Main" und auf das „Luftbrückendenkmal" am Flughafen hin.

Weitere stark frequentierte Bauwerke sind wenige Kilometer nördlich das Nordwestkreuz Frankfurt – hier kreuzen sich die A 5 und die A 66 (Wiesbaden-Fulda) – sowie das Westkreuz Frankfurt, an dem sich die A 5 und die A 648 (Zubringerstrecke der A 66 und A 5 ins Stadtzentrum) begegnen.

41 Vergangenheitsbewältigung
Die Frankfurter Auschwitzprozesse

Beim Nürnberger Kriegsverbrecherprozess, vor einem internationalen Militärgerichtshof, wurden ab November 1945 die politisch führenden Nationalsozialisten wegen Verbrechens gegen die Menschlichkeit durch die Vertreter der vier Hauptalliierten angeklagt und verurteilt. Das gesamte Ausmaß der begangenen Verbrechen, vor allem der unfassbare Völkermord an den Juden, wurde offengelegt und rief in aller Welt Entsetzen hervor. Genau so groß war die Bestürzung und Betroffenheit, als Jahre später an anderen Orten Prozesse gegen Angehörige des SS-Aufsichtspersonals im Vernichtungslager Auschwitz geführt wurden, drei dieser sogenannten Auschwitzprozesse fanden zwischen Dezember 1963 und Juni 1968 in Frankfurt statt.

Auschwitz in Westpolen war das größte aller nationalsozialistischen Konzentrations- und Vernichtungslager, rund eine Million Menschen aus ganz Europa wurden dort zwischen 1940 und 1945 ermordet. Angesichts dieses Ausmaßes wurde Auschwitz zum Synonym für den Holocaust. Die Vorbereitung der Prozesse hatte jahrelang gedauert. In diesem Zusammenhang war 1958 die Zentrale Stelle der Landesjustizverwaltungen zur Aufklärung nationalsozialistischer Verbrechen in Ludwigsburg gegründet worden, die eine rückhaltlose Strafverfolgung noch nicht verurteilter Verbrecher beabsichtigte. Auf Initiative von Fritz Bauer (1903–1968), hessischer Generalstaatsanwalt, fanden die Verhandlungen gegen die Auschwitz-Täter vor dem Landgericht Frankfurt statt. Eröffnet wurde der erste Auschwitzprozess („Strafsache gegen Mulka und andere") im Römer, ab April 1964 wurde er im Saalbau Gallus fortgeführt. In dem bis dahin größten Strafprozess waren 20 Männer der SS-Wachmannschaften angeklagt, innerhalb von 154 Prozesstagen wurden 360 Zeugen vernommen. Die Angeklagten waren in unterschiedlichen Positionen eingesetzt, etwa als Adjutant des Lagerkommandanten, als Blockführer, als Leiter der SS-Zahnstation, Apotheker, Lagerführer, Sanitäter etc. Entsprechend unterschiedlich fielen die Urteile aus; sechs der Angeklagten wurden zu lebenslangen Haftstrafen verurteilt, die meisten erhielten verschieden lange Haftstrafen, drei von ihnen wurden aus Mangel an Beweisen frei gesprochen.

Auch bei den beiden folgenden Prozessen (1965/66 und 1967/68) waren sechs Männer angeklagt, denen Misshandlung, Ertränken, Erwürgen, Erschlagen und Tottreten von KZ-Gefangenen angelastet wurde. U.a. waren zwei Funktionshäftlinge angeklagt, also Inhaftierte in Auschwitz, die von SS-Bewachern mangels eigenen Personals als Aufseher und zu anderen Aufgaben gegenüber Mitgefangenen eingesetzt wurden. Auch hier lautete das Strafmaß von „lebenslang" bis „Einstellung des Verfahrens".

Im Fritz-Bauer-Saal im Saalbau Gallus fanden zwischen 1964 und 1968 die Auschwitzprozesse statt.

Aus Frankfurt wurde ausführlich und weltweit berichtet. Wie bereits bei den Nürnberger Prozessen 20 Jahre zuvor, wurde die Öffentlichkeit erneut mit den NS-Verbrechen konfrontiert. Die Reaktionen waren unterschiedlich. Lösten einzelne Freisprüche und das teils niedrige Strafmaß Empörung aus, forderten andere, einen Schlussstrich mit der NS-Vergangenheit zu ziehen. Im Kontext der Auschwitzprozesse debattierte ab März 1965 der Deutsche Bundestag über die Verjährung von Mord. Bislang galt für die Verjährung von Verbrechen wie Mord, für die eine lebenslange Freiheitsstrafe verhängt werden konnte, eine Frist von 20 Jahren, d.h. während des Nationalsozialismus begangene Verbrechen wären ab dem 8. Mai 1965 nicht mehr verfolgbar gewesen. Nach mehreren Verjährungsvorschriften gilt seit 2002 eine Unverjährbarkeit bei Völkermord. Die Frankfurter Auschwitzprozesse waren ein wesentlicher Beitrag der Vergangenheitsbewältigung, besonders gefördert werden seit den 1960er-Jahren die Arbeit der Bundeszentrale und der Landeszentralen für politische Bildung, die mit ihren vielfältigen Bildungsangeboten das demokratische Bewusstsein stärken sollen. Seit 1993 bietet das Bürgerhaus Saalbau Gallus in der Frankenallee eine aufschlussreiche Dauerinstallation zu den Frankfurter Auschwitzprozessen.

42 Stadt der Musiker
Musiker der Stadt

„Öffentliche Danksagung … Es ist des Künstlers höchster Stolz, von empfänglichen Kennern mit jener Teilnahme aufgenommen, mit jenem Enthusiasmus begrüßt zu werden, die ihn lehren, dass sein Streben nicht fruchtlos gewesen ist … Frankfurt a.M., 26. Sept. 1829 Nicolo Paganini."

Der berühmte italienische Geiger Paganini (1782–1840) ist einer von zahlreichen bedeutenden Musikern, die das kulturelle Leben der Stadt bereichert haben.

Georg Philipp Telemann (1681–1767) war schon ein angesehener Kapellmeister am herzoglichen Hof in Eisenach, als er sich 1712 in Frankfurt am Main bewarb, „den vacanten Capelmeisterdienst in allen Stücken also zu versehen", „dass ein hochedler und hochweiser Rat wie auch eine löbliche Bürgerschaft mit meiner Bedienung völlig content sein soll". Er wurde Kapellmeister an der Barfüßerkirche, dem Vorgängerbau der Paulskirche. Sie war die Hauptkirche der Lutheraner, in der Telemann jeden Sonntag seine Kirchenmusik aufführte. Telemann organisierte die ersten regelmäßigen öffentlichen Konzertveranstaltungen, die Aufführung seiner sogenannten Brockes-Passion (1716) gilt als Deutschlands erstes öffentliches Konzert. Gegen Eintrittsgeld konnte jedermann Zutritt zu einer großen Musik-Aufführung erhalten, das bürgerliche Konzertwesen begann. Die zehn Jahre Telemanns am Main waren ein Glücksfall, und Frankfurt stieg zu einem Musikzentrum des Reiches auf. Als Berühmtheit wurde Telemann 1721 nach Hamburg berufen. Eine andere, ehrenvolle Berufung nach Leipzig lehnte er ab (Bach wäre sonst nicht Thomaskantor geworden.)

Clara Schumann, geb. Wieck (1819–1896), ist wohl die berühmteste Pianistin des 19. Jahrhunderts. Ihr Vater Friedrich Wieck (1785–1873) organisierte 1831 für seine hochbegabte Tochter eine Konzertreise nach Paris. Eine Zwischenstation dieser Reise am Main war der erste Kontakt von Clara Schumann mit Frankfurt. Sie gab 1832 zwei Konzerte und spielte dabei auch ein Werk von dem damals noch sehr wenig bekannten Frédéric Chopin (1810–1849). Ein Rezensent schrieb: „Eine wunderhafte Erscheinung und, was sich kaum damit zu vertragen scheint, ein kindlich-unbefangenes Naturwesen hat in der 12-jährigen Clara Wieck alle kunstempfänglichen Gemüter überrascht."

Nach dem Tod ihres Mannes Robert Schumann (1810–1856) konzertierte sie international, um für ihre sieben Kinder sorgen zu können. Die enge Verbindung mit Frankfurt begann 1878, als sie von dem Musikpädagogen Joachim Raff (1822–1882) als erste Frau ans neu gegründete Hoch'sche Konservatorium als Klavierprofessorin berufen wurde. Sie hat diese Arbeit bis 1892 fortgesetzt und war in dieser Zeit die wichtigste Repräsentantin dieser Musikschule, 1891 gab sie ihr letztes Konzert in Frankfurt. Im Mai 1896 verstarb Clara Schumann in Frankfurt,

Zu den Musikern, die in Frankfurt gewirkt haben, gehören Clara Schumann und Paul Hindemith (Ausschnitt aus dem 100-DM-Schein, 1996; Sonderbriefmarke 1995).

eine Gedenktafel in der Myliusstraße 32 erinnert an ihre letzte Wohn- und Wirkungsstätte.

Auch ein bedeutender Komponist, Instrumentalist, Dirigent und Musikpädagoge des 20. Jahrhunderts hat eine enge Beziehung zu Frankfurt: Paul Hindemith, 1895 in Hanau geboren. Er verbrachte 22 Jahre seines Lebens in Frankfurt. Mit 12 Jahren begann er seine Ausbildung zum Geiger und Komponisten am Hoch'schen Konservatorium, mit 19 Jahren wurde er zunächst Mitglied und dann Konzertmeister des Frankfurter Opernhausorchesters. Von 1923 bis 1927 bewohnte Hindemith gemeinsam mit seiner Ehefrau Gertrud (1900–1967) sowie seiner Mutter und seiner Schwester den Kuhhirtenturm in Sachsenhausen. Frankfurt gilt als das Zentrum seines Wirkens. Als „entarteter Musiker" durch die Nationalsozialisten diffamiert, emigrierte er 1938 in die Schweiz und 1940 in die USA. 1953 kehrte er als US-amerikanischer Staatsbürger nach Europa zurück, er ließ sich in Blonay/Schweiz nieder. Während eines Krankenhausaufenthaltes starb Hindemith im Dezember 1963 in Frankfurt. Acht Jahre zuvor hatte ihn die Stadt mit der Goetheplakette geehrt. Sein Grab befindet sich an seinem letzten Wohnort Blonay, dort auch wird der gesamte künstlerische Nachlass von der Hindemith-Stiftung verwaltet. 2011 wurde das „Hindemith Kabinett im Kuhhirtenturm" für Ausstellungen und Veranstaltungen eröffnet.

43 Der schönste Stadtschreiberpreis
Bergen-Enkheim

In Folge der hessischen Gebietsreform ab Ende der 1960er-Jahre wurde die bislang selbstständige Stadt Bergen-Enkheim zum 1. Januar 1977 nach Frankfurt eingemeindet, seitdem ist der heute rund 18.000 Einwohner große Ort der östlichste Stadtteil der Mainmetropole. Sehenswert sind das gotische Rathaus, der Weiße Turm, ein 1472 vollendeter Wehrturm sowie die Schelmenburg, ein barockes Wasserschlösschen. Doch überregional bekannt ist Bergen-Enkheim wegen seines Stadtschreiberpreises.

Ideengeber dieses Literaturpreises war der Schriftsteller und Journalist Franz Joseph Schneider (1912–1984), der Mitglied der legendären „Gruppe 47“ war. Zu den Teilnehmern dieses Schriftstellertreffens, das erstmals 1947 und dann für 20 Jahre an unterschiedlichen Orten stattfand, gehörten Autoren und Literaturkritiker wie Ilse Aichinger (1921–2016), Ingeborg Bachmann (1926–1973), Heinrich Böll (1917–1985), Siegfried Lenz (1926–2014) oder Martin Walser (1927–2023), die noch weitgehend unbekannt waren und am Beginn ihrer Karriere standen. Schneider, der vor allem als Werbefachmann sein Geld verdiente, hatte erlebt, in welch ärmlichen Verhältnissen der angesehene Schriftsteller Günter Eich (1907–1972) verstorben war. Wenigstens ein Jahr lang sollten sich talentierte Literaten ihrem Schreiben ohne finanzielle Nöte widmen können, so Schneiders Intention. Stifter des (heute) mit 20.000 Euro dotierten Literaturpreises war zunächst die Stadt Bergen-Enkheim, seit 1977 ist es die Stadt Frankfurt. Erstmals 1974 verliehen, ist er der älteste der heutigen Stadtschreiberpreise. Neben dem Geldpreis bietet er ein Jahr lang kostenfreies Wohnen im beschaulichen Stadtschreiberhaus (An der Oberpforte 4) in Bergen-Enkheim, seit 1956 Wohnort des Stifters. Seit der Eingemeindung des Ortes übernimmt die Kulturgesellschaft Bergen-Enkheim die Verleihung der Auszeichnung, die zu den angesehensten Stadtschreiberpreisen gehört. Erster Preisträger war 1974 Wolfgang Koeppen (1906–1996), sein Laudator war der bekannte Literaturkritiker Marcel Reich-Ranicki (1920–2013). Zu den bislang 50 Preisträgern gehören Günter Kunert (1929–2019), Peter Härtling (1933–2017), Wilhelm Genazino (1943–2018), Ulla Hahn (geb. 1945) und die Literaturnobelpreisträgerin Herta Müller (geb. 1953). Genau so prominent waren die Festredner der Geehrten, anerkennende Worte sprachen Hildegard Hamm-Brücher (1921–2016), Günter Grass (1927–2015), Heiner Geißler (1930–2017), Heribert Prantl (geb. 1953) oder Ahmad Mansour (geb. 1976). Zur neunköpfigen Jury gehören der amtierende Preisträger, Schriftsteller und Bürger. Auch für Bergen-Enkheim ist es eine Ehre, wenn alljährlich im September die literarische Welt über die Preisverleihung berichtet. Die „Inthronisierung“ wird stets als allseits beliebtes Volksfest zelebriert.

Das Stadtschreiberhaus in Bergen-Enkheim, An der Oberpforte.

Gewürdigt wird das Werk der ausgezeichneten Schriftsteller auch über die örtliche Volkshochschule, die Veranstaltungen zur Literatur der Geehrten anbietet. Gerne nimmt die Bevölkerung an Lesungen der Preisträger teil, doch eine Verpflichtung der Schriftsteller gegenüber dem Preisstifter besteht nicht.

Inzwischen hat der Literaturpreis in zahlreichen Städten Nachahmer gefunden; zu den bekanntesten Stipendien dieser Art (Preisgeld und freies Wohnen) gehören der Stadtschreiberpreis von Mainz (seit 1985) und der Stadtschreiberpreis von Dresden (seit 1996).

44 Dem Wahren Schönen Guten
Die Alte Oper

Als Theaterstadt kann Frankfurt auf eine annähernd 250-jährige Tradition zurückblicken. Zwar fehlte der freien Reichsstadt das für Residenzstädte übliche Hoftheater, doch auf Unterhaltung, Belustigung und Belehrung musste die Bevölkerung nicht verzichten; die aus professionellen Musikern und Schauspielern bestehenden Wanderbühnen gastierten auch hier am Main. Viele Jahre hatte sich der Rat der Stadt für ein eigenes Theater eingesetzt, das dann erst mit der Eröffnung des Comoedienhauses im September 1782 verwirklicht wurde.

Bereits zwei Jahre später fand in dem klassizistischen Gebäude mit seinen rund 1000 Plätzen die Uraufführung von Friedrich Schillers (1759–1805) Drama „Kabale und Liebe“ statt. Ab 1792 nannte sich die beliebte Spielstätte Frankfurter Nationaltheater, ab 1842 Frankfurter Stadttheater. Doch Zuschauerraum und Bühne waren für ein überschaubares Publikum konzipiert worden, bereits Mitte des 19. Jahrhunderts war das Theater für die 60.000 Einwohner große Messestadt mit ihren zahlreichen internationalen Gästen zu klein. Konkurrenz erhielt es 1880, als am Bockenheimer Tor (heutiger Opernplatz) das Opernhaus eingeweiht wurde. Der Prachtbau im Stil der Neorenaissance stammt im Wesentlichen von dem Berliner Architekten Richard Lucae (1829–1877). Anlässlich der feierlichen Eröffnung am 20. Oktober 1880 wurde Mozarts Oper „Don Giovanni“ aufgeführt. Ehrengast war Kaiser Wilhelm I. (1797–1888), der angesichts der aufwendigen, kostbaren Inneneinrichtung, der prachtvollen Deckengemälde, des filigranen Stuck und der farbenfrohen Mosaike sowie der glitzernden Kristallleuchter meinte: „Das könnte ich mir in Berlin nicht leisten.“ Bereits damals verbarg sich hinter der historisierenden Fassade modernste Technik. Mit der Uraufführung zeitgenössischer Werke erlangte das Haus Anfang des 20. Jahrhunderts eine überregionale Bedeutung. Zu den bekanntesten, aber auch umstrittensten Persönlichkeiten seiner Zeit gehörte Paul Hindemith (1895–1963), der hier zwischen 1916 und 1924 als Konzertmeister wirkte. Im Januar und vor allem im März 1944 wurde das Gebäude so stark zerstört, dass es nach dem Krieg nicht wieder instandgesetzt werden konnte. Während der Spielbetrieb bereits ab November 1945 an wechselnden Orten stattfand, blieb das Opernhaus jahrzehntelang als Ruine bestehen, wichtiger war zunächst der Wiederaufbau der sozialen Infrastruktur. Angesichts der zahlreichen Großbaustellen, der Dominanz gesichtsloser Hochhäuser auch im Westend und der wenig originellen Gestaltung des Zentrums im Sinne einer autogerechten Stadt kam es Anfang der 1970er-Jahre zu einem Umdenken der Entscheidungsträger unter OB Rudi Arndt (1927–2004), was

1981 wurde die rekonstruierte Alte Oper eingeweiht.

schließlich zur Rekonstruktion der Oper führte. Maßgeblich beteiligt an der Verwirklichung dieses großartigen Anliegens war u.a. die breit angelegte „Aktionsgemeinschaft Opernhaus", die mit Spenden von rund 15 Millionen DM den Neubau unterstützte. Am 28. August 1981 fand die feierliche Eröffnung des neuen Konzert- und Kongresszentrums Alte Oper in Anwesenheit des damaligen Bundespräsidenten Karl Carstens (1914–1992) und mit Gustav Mahlers (1860–1911) 8. Sinfonie statt. Damit erhielt das schwer kriegsgeschädigte Frankfurt ein architektonisches Glanzstück seiner Stadtgeschichte zurück. Seitdem bietet das Haus mit seinen annähernd 1400 Sitzplätzen ein vielfältiges kulturelles Programm von Klassik über Jazz bis zur zeitgenössischen Musik und ist damit ein Treffpunkt internationaler Weltstars. In jedem Fall ist das geschichtsträchtige Haus ein Ort, der unter dem Motto steht: „DEM WAHREN SCHOENEN GUTEN" – so jedenfalls steht es geschrieben auf dem Fries unterhalb des Giebelreliefs. Zu den weiteren viel besuchten Spielstätten in Mainhattan gehören das Schauspielhaus am Willy-Brandt-Platz, größte Sprechbühne im deutschsprachigen Raum, die Dramatische Bühne in der Exzesshalle in Bockenheim, das Fritz-Rémond-Theater im Zoo, die Komödie an der Neuen Mainzer Straße, die Volksbühne im Großen Hirschgraben und weitere 25 Bühnen. Fast allabendlich heißt es irgendwo in der Stadt: „Vorhang auf!"

45 Museen von Weltgeltung
Der Schaumainkai

In Frankfurt gibt es fast 40 Museen (vom Archäologischen Museum zum Weltkulturen Museum), die meisten befinden sich entlang des Mains. Die Idee einer „Museumsmeile" stammte vom damaligen, überregional bekannten Kulturdezernenten Hilmar Hoffmann (1925–2018), der mit seinem politischen Anspruch „Kultur für alle" einerseits vorhandene Bildungseinrichtungen einer breiteren Öffentlichkeit öffnen, andererseits auch einen Beitrag zur Aufwertung des Mainufers leisten wollte.

Ab Anfang der 1980er-Jahre wurden am Schaumainkai in Sachsenhausen vorhandene Museen erweitert und neue errichtet, dabei wurden ehemalige Unternehmervillen des Klassizismus und der Gründerzeit ausgebaut und moderne Neubauten errichtet. Bekannteste Adresse am linken Mainufer ist das Städel Museum mit seiner weltweit geschätzten Gemäldesammlung. Diesem traditionsreichen Haus benachbart sind das Liebieghaus und das Museum für Kommunikation. Nicht nur die bis zu 5000 Jahre alten Exponate sind eindrucksvoll, sehenswert ist auch das Gebäude der Skulpturensammlung, die 1896 errichtete Villa des Textilfabrikanten Heinrich von Liebieg (1839–1904), die bereits 1907 von der Stadt als Museum erworben wurde. Ebenfalls in einem Bau des späten 19. Jahrhunderts ist das Museum für Telekommunikation untergebracht, das 1958 als Bundespostmuseum eröffnet wurde. Es zeigt eine Dauerausstellung von den Anfängen der Nachrichtenübermittlung bis zur heutigen Mediengesellschaft und präsentiert im angrenzenden Neubau von 1990 regelmäßig Sonderausstellungen. Auf derselben Mainseite befinden sich weiterhin das Museum für Angewandte Kunst, das rund 30.000 Werke des europäischen und asiatischen Kunsthandwerks (u.a. Möbel, Keramik, Buchkunst) beherbergt, das Deutsche Architekturmuseum, das Deutsche Filmmuseum, das Weltkulturen Museum oder das Bibelhaus Erlebnis Museum und das Ikonenmuseum. Sie alle sind Museen von Weltgeltung. Dazu gehören auch die Schirn Kunsthalle auf der anderen Uferseite, zwischen Römer und Dom. Die Schirn wurde 1986 eröffnet und ist mit Sonderausstellungen zur modernen und zeitgenössischen Kunst inzwischen so bedeutend wie die Tate Gallery in London oder das Museum of Modern Art in New York. Während einige Einrichtungen wie das Senckenberg-Museum im Stadtteil Westend-Süd, mit 6000 Quadratmetern Ausstellungsfläche und Tausenden Exponaten eines der größten Naturkundemuseen Europas, selbst auf eine jahrzehntelange Geschichte zurückblicken (als öffentliches Naturalienkabinett wurde es 1821 eröffnet, im heutigen Gebäude befindet sich das Museum seit 1907), stammen andere Ausstellungshäuser aus unseren Tagen. So wurde das Porzellan Museum in Höchst, eine Außenstelle des

Liebieghaus.

Historischen Museums, 1994 eröffnet. Zu bewundern gibt es rund 1800 feine Kunstwerke der Höchster Porzellanmanufaktur. Untergebracht sind die anschaulichen Dauer- und Sonderausstellungen im Kronberger Haus, einem 1580 vollendeten Adelspalais in der Bolongarostraße. Noch jünger ist das erst im September 2021 eingeweihte Deutsche Romantik-Museum (neben dem Goethe-Haus im Großen Hirschgraben), das alles „rund um die Romantik" (Gemälde, Briefe, Alltagsgegenstände, Bücher) zeigt. Ein Großteil der Frankfurter Ausstellungshäuser sind Museen von Weltgeltung, die vor allem mit ihren Sonderausstellungen alljährlich ein Publikumsmagnet sind. Doch genau so interessante und aufschlussreiche Einblicke in die Vergangenheit bieten die weiteren Museen wie das Caricatura Museum, das Feuerwehr Museum, das Jüdische Museum oder das Dommuseum. Das für die Stadtgeschichte wichtigste Haus ist natürlich das 1878 gegründete Historische Museum in der Altstadt; es versteht sich als „Ort der Verständigung über die Vergangenheit, Gegenwart und Zukunft" und nimmt den Besucher mit auf eine spannende Zeitreise voller Überraschungen.

46 Hüter der Währung
Die Europäische Zentralbank

In Berlin gibt es zwar mehrere europäische Institutionen, die im Rahmen der Europäischen Union (EU) tätig sind: die deutsche Vertretung der Europäischen Kommission, das Informationsbüro des Europäisches Parlaments und die Vertretung der Europäischen Investitionsbank (EIB). Und in Karlsruhe besteht die deutsche Niederlassung des Europäischen Gerichtshofs (EuGH). Diese Institutionen sind wichtige Akteure bei der Umsetzung und Überwachung der EU-Politik in Deutschland, aber in Frankfurt ist die wichtigste Institution der Europäischen Union angesiedelt: die Europäische Zentralbank (EZB).

Die Wahl Frankfurts als ihr Hauptsitz kennzeichnet die Bedeutung der Stadt als Finanzzentrum und belegt die Rolle Deutschlands in der europäischen Wirtschaftspolitik. Die Arbeit und die Aufgaben der EZB wurden 1992 im Vertrag von Maastricht festgelegt. Aber erst 1998 wurde die EZB formell als gemeinsame Währungsbehörde der Mitgliedstaaten der Europäischen Währungsunion gegründet. Im Vertrag von Lissabon wurde 2007 schließlich ihr Status als EU-Organ festgelegt. Die EZB ist verantwortlich für die Geldpolitik der Staaten, die den Euro als Währung verwenden. Zur Zeit gehören 20 der 27 EU-Mitgliedstaaten dem Euroraum an. Zusammen mit den nationalen Zentralbanken der EU-Staaten bildet sie das europäische System der Zentralbanken.

Die EZB hat die Preisstabilität im Euroraum zu sichern und große Schwankungen des Geldwertes zu verhindern. Dazu steuert sie den Leitzins so, dass sich eine Inflationsrate von ca. 2 Prozent einstellt. Eine weitere Aufgabe der EZB ist die Regulierung der Geldmenge in der Eurozone und seit 2014 die Bankenaufsicht. Ein weiteres, aber untergeordnetes Ziel ist die Unterstützung der allgemeinen Wirtschaftspolitik der EU. Die nationalen Zentralbanken der Länder der Eurozone sind die ausführenden Organe und unterliegen den Regelungen der EZB. Sie sind dabei unabhängig gegenüber Weisungen nationaler Regierungen und unterstehen nur der EZB. Die EZB hat zwei Beschlussorgane, den Rat und den Erweiterten Rat. Ihr ausführendes Organ ist das Direktorium der EZB. Dem Direktorium steht der Präsident der Europäischen Zentralbank vor, der diese auch nach außen vertritt. Seine Amtszeit beträgt 8 Jahre.

Bestellt hatte die EZB ein Gebäude mit „architektonischer Aussage", das sie auch im Jahr 2014 bekam: ein Bauwerk mit neuartiger, verwirrender Geometrie, entworfen vom Wiener Architekten Wolf Dieter Prix (geb. 1942) vom Architekturbüro „Coop Himmelb(l)au". Es sieht aus, als wäre ein Block durch einen Schnitt in Form einer Hyperbel geteilt, die Teile dann gedreht und mit den gekrümmten Seiten nach außen wieder aneinandergefügt worden. Den Zwischenraum füllt ein

Im Ostend dominiert der 2014 vollendete EZB-Doppelturm das Mainufer.

gläsernes Atrium, das in drei Abschnitte aufgeteilt ist. Aus allen Richtungen ist das innovative Gebäude ein Blickfang, massiv und wuchtig von Süd-Osten aus, schlank und nach oben strebend von Westen aus. Der Südturm hat 43 Geschosse und ist 165 Meter hoch, der Nordturm misst mit seinen 45 Geschossen 185 Meter; inklusive Antennenmast beträgt die Höhe 201 Meter. Beide Türme bieten Raum für rund 2300 Arbeitsplätze.

Als Foyer für den Komplex wurde die denkmalgeschützte Großmarkthalle aus dem Jahr 1928 integriert. Im geräumigen Innenraum der Halle finden sich ein Konferenz- und Besucherzentrum, eine Bibliothek und das Mitarbeiterrestaurant. Ein markantes, neues Eingangsbauwerk mit schrägen Flächen scheint die Großmarkthalle zu durchbrechen. Die Lobby, ein Saal für Pressekonferenzen und einer für Vorträge sind hier untergebracht. Die Baukosten betrugen ca. 1,3 Milliarden €. Das EZB-Gebäude steht, sorgfältig auf die Umgebung abgestimmt, in einem städtebaulichen Spannungsverhältnis zum Zentrum der Metropole. Es korrespondiert über Sichtachsen mit der Alten Oper, dem Museumsufer und der Skyline des Bankenviertels.

47 Die Rekonstruktion der Altstadt

Das Dom-Römer-Viertel

Anfang des 20. Jahrhunderts war Frankfurt eine der besterhaltenen mittelalterlichen Städte, die Altstadt mit ihren eng gebauten Fachwerkhäusern wirkte wie ein pittoreskes Freilichtmuseum. Alliierte Bombenangriffe 1944 haben dieses jahrhundertelang gewachsene Viertel zwischen Kaiserdom und Römer in wenigen Minuten vernichtet, weitere beschädigte Gebäude wurden in der Nachkriegszeit abgerissen zugunsten einer weitgehend trostlosen Bebauung, zu der auch das 1974 vollendete Technische Rathaus gehörte.

Jahrelang dominierte dieser schmucklose Betonbau (mit zweigeschossiger Tiefgarage) das Domumfeld. Nach 30 Jahren war die Bausubstanz mit ihren schadstoffhaltigen Materialien (Asbest und Glaswolle) so marode, dass der Rat der Stadt einen Abriss des Rathauskomplexes beschloss. Ab Anfang 2010 begann der schrittweise Abbau. Der Neubebauung des historischen Platzes war eine jahrelange Planungsphase mit kontroversen Diskussionen und Bürgerinitiativen sowie mehreren Architekturwettbewerben vorausgegangen. Schließlich führten die letztlich von allen Fraktionen unterstützten Bebauungsvorschläge der Freien Wähler („Eine Altstadt für Frankfurts Seele") zur weitgehenden Rekonstruktion der historischen Altstadt. Die zahlreichen Ergebnisse des Wettbewerbs wurden in der Paulskirche veröffentlicht und in der Bevölkerung lebhaft diskutiert. Der offizielle Titel des umfangreichen Dom-Römer-Projekts lautete „Umbau Tiefgarage und Neubau eines Gebäudes mit Wohn- und Geschäftsnutzung, Museum, Schank- und Speisewirtschaft, Beherbergungs-, Verkaufs- und Versammlungsstätten". Die einzelnen Gebäude entstanden dann nach Plänen verschiedener internationaler Architekturbüros. Die Grundsteinlegung für das rund 200 Millionen schwere Bauvorhaben erfolgte im Januar 2012 unter Oberbürgermeisterin Petra Roth. Das ehrgeizige, deutschlandweit einmalige Projekt war ein Spagat zwischen historischem Vorbild und heutigen Bauvorschriften, hinter den historisierenden Fassaden wurden brandhemmende Baustoffe und modernste Technik eingebaut. Das Bauprojekt der Superlative war eine Leistung vieler; engagiert mitgewirkt hatten Architekten, Ingenieure, Steinmetze, Bauarbeiter und viele andere. Das fantastische Ergebnis – 15 originalgetreue Rekonstruktionen („Goldenes Lämmchen", „Klein Nürnberg", „Alter Esslinger") und 20 Neubauten nach historischem Vorbild („Weißer Bock", „Zu den drei Römern") – wurde Ende September 2018 mit einem großartigen Altstadtfest der Öffentlichkeit präsentiert, bei dem annähernd 300.000 Besucher den Abschluss eines gigantischen Bauprojekts gebührend feierten. Seitdem ist der Krönungsweg, auf dem zehn deutsche Könige zwischen Dom und Römer schritten, in seinen historischen Proportionen wieder zu erleben. Ebenso faszinierend ist der formvollendete

Eine gelungene Rekonstruktion des alten Frankfurts ist das 2018 fertiggestellte Dom-Römer-Viertel.

Hühnermarkt; auch hier begegnen sich rekonstruierte Häuser („Grüne Linde“, „Rotes Haus“) und Neubauten („Haus Schildknecht“, „Neues Paradies“), die in ihrer einheitlichen Gestaltung ein harmonisches Ensemble darstellen und einen authentischen Einblick in das Frankfurt von einst geben. Aufwendigstes Einzelprojekt war hierbei das dem Dom gegenüber liegende „Haus zur Goldenen Waage“, das ursprünglich zwischen 1618 und 1621 errichtet wurde und heute die staunenden Blicke eines jeden Besuchers auf sich zieht. Das Holz des Fachwerks ist zwischen 200 und 300 Jahre alt. Eines fernen Tages, wenn sich eine natürliche Patina über das geschichtsträchtige Viertel gelegt hat, wird kaum einer ahnen, dass diese hübschen Bauten ein Produkt des frühen 21. Jahrhunderts sind.

48 Zu Besuch beim Struwwelpeter
Das Haus zum Esslinger

Auch das „Haus zum Esslinger" mit der kuriosen Postanschrift „Hinter dem Lämmchen 2" ist Teil der rekonstruierten Altstadt. Der ursprüngliche, im März 1944 zerstörte Fachwerkbau stammt aus der Spätgotik. Bekannt geworden ist das Haus am Hühnermarkt als Wohnort von Johanna Melber (1734–1823), jüngere Schwester von Catharina Elisabeth Textor und damit eine Tante Goethes. Seit September 2019 beherbergt das „Haus zum Esslinger" das (bereits 1977 gegründete) Struwwelpeter-Museum.

Der „Struwwelpeter", eines der bekanntesten Kinderbücher, stammt von dem Frankfurter Arzt Heinrich Hoffmann (1809–1894), Sohn des Baumeisters Philipp Jakob Hoffmann (1778–1834) und Marianne Caroline Lausberg (1776–1810), die einer wohlhabenden Frankfurter Kaufmannsfamilie entstammte. „Struwwelpeter" war ein selbst geschriebenes und gemaltes Buch für Hoffmanns Sohn Carl: „Gegen Weihnachten des Jahres 1844, als mein ältester Sohn drei Jahre alt war, ging ich in die Stadt, um demselben zum Festgeschenke ein Bilderbuch zu kaufen, wie es der Fassungskraft des kleinen menschlichen Wesens in solchem Alter entsprechend schien. Aber was fand ich? Lange Erzählungen oder alberne Bildersammlungen, moralische Geschichten, die mit ermahnenden Vorschriften begannen und schlossen …", so Hoffmann im Rückblick zur Entstehungsgeschichte des Buches, das bereits 1845 1500-mal verkauft wurde. Hoffmann war 1848 Abgeordneter im Frankfurter Vorparlament, wo er für eine konstitutionelle Monarchie eintrat, und einer der bekanntesten Mediziner seiner Heimatstadt. Er praktizierte zunächst in Sachsenhausen, gehörte auch der Armenklinik an, die sich mittellosen Patienten widmete, und er war von 1851 bis 1888 Direktor der städtischen Nervenheilanstalt. Als Wegbereiter der modernen Jugendpsychiatrie verfasste er Fachbücher, publikumswirksamer jedoch waren seine

Heinrich Hoffmann (1809–1894), Verfasser des „Struwwelpeters".

literarischen Veröffentlichungen (u.a. „König Nußknacker und der arme Reinhold“, „Bastian der Faulpelz“, „Auf heiteren Pfaden. Gesammelte Gedichte“). Am erfolgreichsten ist der bis heute bekannte und immer wieder neu verlegte „Struwwelpeter“, dessen Erstausgabe Hoffmann noch unter dem Pseudonym Reimerich Kinderlieb veröffentlichte und der dann allein bis 1880 in 100 Auflagen erschien (bis heute gibt es mehr als 540 Auflagen) und in zahlreiche Sprachen übersetzt wurde (bereits 1848 erschien „Shockheaded Peter“). Das Buch mit dem titelgebenden „Struwwelpeter“ enthält neun Geschichten von Kindern, die nicht auf ihre Eltern hören und daher ein Unheil erleiden, u.a.: „Die Geschichte vom bösen Friederich“, „Die Geschichte vom Daumenlutscher“, „Die gar traurige Geschichte mit dem Feuerzeug“, „Die Geschichte vom Suppen-Kaspar“, „Die Geschichte vom Zappel-Philipp“ und „Die Geschichte vom Hanns Guck-in-die-Luft“. Die beiden letztgenannten Titel stellen einen Bezug zu Hoffmanns ärztlicher Tätigkeit her: Der „Zappelphilipp“ gilt als Inbegriff der Aufmerksamkeitsdefizit-/Hyperaktivitätsstörung und der „Hanns Guck-in-die-Luft“ als verträumter Gegenpart. Als unterhaltsames Erziehungsbuch gedacht, galt all den Kindern, die sich vernünftig verhielten, der „Vorspruch“, abgedruckt auf der Rückseite des reich bebilderten Buches: „Wenn die Kinder artig sind, kommt zu ihnen das Christkind.“ Schon zu Lebzeiten Hoffmanns bis in die Gegenwart kam es zu zahlreichen Adaptionen und Parodien („Die Struwwelliese“, „Struwwelhitler“, „Der Struwwelpeter neu frisiert“). 1994 brachte die Deutsche Bundespost eine Sonderbriefmarke heraus, die den „bösen Friederich“ zeigt. Alles rund um den „Struwwelpeter“ und seinen geistigen Vater präsentiert anschaulich das Museum am Hühnermarkt. Heinrich Hoffmann, der geniale Arzt und Autor, politischer Festredner und Kunstfreund, liegt auf dem Hauptfriedhof begraben, in Niederrad ist eine Straße nach ihm benannt.

Das rekonstruierte „Haus zum Esslinger“ beherbergt seit 2019 das Struwwelpeter-Museum.

49 Freunde in aller Welt
Die Partnerstädte

Städtepartnerschaften entstanden nach dem Zweiten Weltkrieg, sie galten der Aussöhnung zwischen den einstigen Kriegsgegnern. Daher wundert es nicht, dass im Oktober 1960 unter OB Werner Bockelmann (1907–1968) die erste Partnerschaft mit Lyon, der drittgrößten Stadt Frankreichs, geschlossen wurde. Vor allem dieser Austausch lebt auf vielen Ebenen (Vereine, Schulen, Universität) mit zahlreichen Begegnungen seit mehr als 60 Jahren.

Eine weitere französische Stadt, nämlich das 22.000 Einwohner große Deuil-La Barre gehört ebenfalls zu Frankfurts Partnerstädten. Zustande kam diese Verbindung im Mai 1967 mit dem damals noch selbstständigen (und 1972 eingemeindeten) Nieder-Eschbach. Genauso erfolgreich und kontinuierlich verlaufen die gegenseitigen Treffen mit der Millionenstadt Birmingham, im 18. Jahrhundert einer der bedeutendsten Industriestandorte der Welt. Diese Städtepartnerschaft wurde im April 1966 unter OB Willi Brundert (1912–1970) geschlossen. In die kurze Amtszeit seines Nachfolgers Walter Möller (1920–1971) fiel im Oktober 1970 die Beurkundung der Partnerschaft mit der oberitalienischen Metropole Mailand. Unter OB Walter Wallmann (1932–2013) wurden erstmals Verbindungen zu außereuropäischen Städten geknüpft: Im Oktober 1979 besiegelte er mit seinem ägyptischen Amtskollegen die Partnerschaft mit Kairo, ein halbes Jahr später wurde Tel Aviv/Israel offiziell Partnerstadt von Frankfurt. Eine der ersten Partnerschaften mit einer chinesischen Stadt ging die Mainmetropole im April 1988 ein: OB Wolfram Brück (1937–2016) besiegelte den Vertrag mit der heute 16 Millionen Einwohner großen Hafenstadt Guangzhou, 9000 Flugkilometer bzw. 11,5 Flugstunden von Frankfurt entfernt. Nicht ganz so weit, aber immerhin mehr als 6300 Kilometer beträgt die Entfernung zu Toronto, mit drei Millionen Einwohnern größte Stadt Kanadas und seit September 1989 Partnerstadt von Frankfurt. Unter OB Volker Hauff (geb. 1940), kamen noch vier weitere Städtepartnerschaften zustande, deren Vorbereitung jedoch wesentlich früher getroffen worden waren: Budapest, die Hauptstadt Ungarns, und Prag, damals noch Hauptstadt der Tschechoslowakei (seit 1992 der Tschechischen Republik) ergänzten im März bzw. Mai 1990 die Liste der bisherigen Städtepartnerschaften. Am 3. Oktober 1990, dem Tag der Wiedervereinigung, wurde zugleich die Partnerschaft mit der sächsischen Messestadt Leipzig geschlossen. Im Januar 1991 kam die 100.000 Einwohner große und 1524 gegründete Stadt Granada im mittelamerikanischen Nicaragua als Partnerstadt hinzu. Ende desselben Jahres schloss OB Andreas von Schoeler (geb. 1948) einen Vertrag mit dem geschichtsträchtigen Krakau in Polen. Aufgrund der relativen Nähe gestaltet sich auch dieser Austausch problemlos. Von ganz anderer Intention ist die im Juni 2005 unter OB Petra Roth gegründete Städtepartnerschaft mit Dubai/

Eine 1982 in der Hasengasse installierte Bronzeplatte des Bildhauers Michael Siebel (geb. 1951) zeigt die Wappen von drei Frankfurter Partnerstädten.

Arabische Emirate; nicht Schulen oder Vereine prägen den Austausch, sondern wirtschaftliche Interessen. Die Silhouette der Stadt mit dem 830 Meter hohen Burj Khalifa, dem höchsten Gebäude der Welt, ist mindestens genau so beeindruckend wie die Skyline Frankfurts. Ebenfalls unter Petra Roth trat Yokohama, mit fast vier Millionen Bewohnern zweitgrößte Stadt Japans, dem Reigen der Partnerstädte bei. Näher als die 9400 Kilometer entfernte japanische Hafenstadt liegt da Eskişehir in der Türkei, nämlich nur 2000 Kilometer Luftlinie. Vor allem der Jugendaustausch zwischen der bedeutenden Universitätsstadt, die 240 Kilometer westlich von Ankara liegt, und Frankfurt funktioniert seit 2013 gut. Ebenfalls unter OB Peter Feldmann (geb. 1958) wurde im Juli 2015 die bislang letzte Städtepartnerschaft geschlossen: mit Philadelphia im Nordwesten der USA, eine der ältesten und mit 1,6 Millionen Einwohnern eine der größten amerikanischen Städte.

So unterschiedlich all diese 17 Städte sind – die Kontakte zu ihnen bereichern über Veranstaltungen, Vorträge, Reisen oder Begegnungen auch das kulturelle, wirtschaftliche, sportliche und gesellige Leben der Frankfurter.

50 Film ab
Frankfurt als Drehort

Großstädte, erst recht solche mit überregional bekannten Sehenswürdigkeiten, bieten sich stets als Drehort an. Auch in Frankfurt fanden und finden regelmäßig Aufnahmen zu bekannten Filmen statt. So gehört die Mainmetropole zu den Städten, in denen ein „Tatort"-Team ermittelt. Beliebt als Filmkulisse sind die außergewöhnliche Skyline, der Bahnhof, der Flughafen und das Mainufer.

Der „Tatort", erstmals 1970 ausgestrahlt, ist die langlebigste Krimireihe im deutschen Fernsehen (ARD). Frankfurt gehört zu den frühen Schauplätzen der Serie, der erste von fast 70 hier gedrehten Krimis hatte bereits im April 1971 Premiere. In „Frankfurter Gold" ermittelte Klaus Höhne (1927–2006) als Kommissar Konrad, bis 1979 spielte er in sieben weiteren Folgen aus Frankfurt. Nur drei Fälle übernahm Kriminalhauptkommissar Bergmann. Seine Rolle wurde von zwei Schauspielern übernommen, und zwar zunächst von Heinz Treuke (geb. 1926) in „Züricher Früchte" (1978) und dann von Lutz Moik (1930–2002) in „Schattenboxen" (1981) und „Blütenträume" (1983). Nach vier hr-Produktionen mit fiktiven Kommissaren, die jeweils nur einen einzigen Fall lösten, war von 1985 bis 2001 Karl-Heinz von Hassel (1939–2016) als Kommissar Brinkmann das Aushängeschild der Frankfurter Tatort-Serie. In insgesamt 28 Folgen von „Schmerzensgeld" bis „Havarie" verkörperte er, immer mit Anzug, Weste und Fliege gekleidet, den seriösen, korrekten Polizeibeamten. Eine Besonderheit war 1996 ein Schauplatz in „Frankfurt-Miami"; da der hr nicht im Rotlichtmilieu drehen wollte, wurde die sendereigene Tiefgarage in ein Bordell verwandelt. 2002 wurde Brinkmann abgelöst durch das Ermittlerduo Friedrich Dellwo, gespielt von Jörg Schüttauf (geb. 1961), und Charlotte Sänger, gespielt von Andrea Sawatzki (geb. 1963). Auch in diesen 18 Folgen sind Frankfurter Schauplätze zu sehen, gedreht wurde ebenso in der Umgebung, etwa im Taunus und der Wetterau. Nachfolger dieser beliebten Ermittler waren zwischen 2011 und 2015 in sieben Folgen Joachim Król (geb. 1957) und Nina Kunzendorf (geb. 1971) bzw. Alwara Höfels (geb. 1982), die das Duo Frank Steier und Conny Mey bzw. Linda Dräger verkörperten. Zwischen 2015 und 2024 ermittelten in 19 Fällen die fiktiven Hauptkommissare Anna Janneke (Margarita Broich, geb. 1960) und Paul Brix (Wolfram Koch, geb. 1962).

Ebenfalls in Frankfurt und Umgebung gedreht wurden zwei erfolgreiche und langlebige Krimiserien: „Die Kommissarin" (sechs Staffeln zwischen 1994 und 2006) mit Hannelore Elsner (1942–2019) in der Hauptrolle der Hauptkommissarin Lea Sommer und „Ein Fall für zwei". Star der ZDF-Serie, die zwischen 1981 und 2013 gesendet wurde, war Claus Theo Gärtner (geb. 1943), der als Privatdetektiv Josef Matula den wahren Mörder suchte und damit einen unschuldig Verurteilten

Für Günter Strack war Frankfurt ein wichtiger Drehort.

vor der Haft bewahrte. Ihm zur Seite als Rechtsanwälte standen bekannte Schauspieler wie Günter Strack (1929–1999) oder Rainer Hunold (geb. 1949). Erkennungsmerkmal der Serie, die nicht nur in Frankfurt, sondern auch im übrigen Rhein-Main-Gebiet angesiedelt war, war das Panorama der Stadt.

Frankfurt als Schauplatz und teilweiser Drehort gilt auch für den fünfteiligen Thriller „Schattenmann" von Regisseur Dieter Wedel (1939–2022), die Filme „Das Mädchen Rosemarie" (1958/1996), „Der Staat gegen Fritz Bauer" (2015), die Komödie „What a Man" (2011) von und mit Matthias Schweighöfer (geb. 1981), den Weihnachtsfilm „Alles ist Liebe" (2014) und das Drama „Das Labyrinth des Schweigens" (2014). Abgesehen von diesen abendfüllenden Produktionen dient Frankfurt fast täglich als Kulisse für einen Dokumentar-, Spiel- oder Werbefilm. Das städtische Ordnungsamt erteilt jährlich rund 500 Drehgenehmigungen. Beliebt ist die Mainmetropole für kleine und große Filmprojekte aufgrund ihrer so vielfältigen und überregional bekannten Motive, dazu zählen das Bahnhofsviertel, der Opernplatz, der Eiserne Steg und der Römer, das Museumsufer, der Palmengarten, das Bankenviertel oder Alt-Sachsenhausen.

51 Von Frankfurt in alle Welt
Stadtgeschichte auf Briefmarken

Briefmarken als Postwertzeichen stellen nicht nur einen materiellen Wert dar, der für die Beförderung einer Postsendung entscheidend ist, sondern sie haben auch einen ideellen Wert. Die erste deutsche Briefmarke erschien im November 1849 im Königreich Bayern, seitdem setzte sie sich flächendeckend als Entgelt für die Briefbeförderung durch – und bereits Ende des 19. Jahrhunderts wurden Briefmarken zum begehrten Sammelobjekt. Während des Ersten Weltkrieges wurden sie als Propagandamittel eingesetzt, auch dienen sie, unabhängig von der jeweiligen Staatsform, dem Personenkult. Die meisten Briefmarken jedoch stellen ein neutrales Motiv dar. Auch Frankfurter Motive waren mehrfach Gegenstand auf Briefmarken.

Erstmals 1939 erschien eine Ansicht des Römers auf einem Postwertzeichen: auf einer roten 8-Pfennig-Marke innerhalb der Serie „Bauwerke", deren Zusatzbetrag von vier Pfennig dem nationalsozialistischen Winterhilfswerk zugutekam und die bis zum 30. Juni 1940 gültig war. Dasselbe Motiv, in verschiedenen Farbtönen und zu unterschiedlichen Werten, brachte die Deutsche Post in der amerikanischen und britischen Besatzungszone im September 1948 (und damit noch vor Gründung der Bundesrepublik). Fünf Jahre später erschienen gleich zwei Postwertzeichen anlässlich der Internationalen Frankfurter Briefmarkenausstellung (IFRABA) 1953, die Stadtgeschichte thematisierten: Die 10-plus-2-Pfennig-Zuschlagmarke zeigt das Portal des ehemaligen Palais Thurn und Taxis. Dieser Prachtbau war 1943 und 1944 durch alliierte Bombenangriffe schwer beschädigt worden, statt eines Wiederaufbaus wurde er 1951 abgerissen. Das Portal blieb erhalten. Anstelle des Palais entstand 1952 das Hochhaus für das Fernmeldewesen; dieser 70 Meter hohe Bau (2004 abgerissen) ist auf der 20-plus-3-Sonderbriefmarke zu sehen. Beide Marken erschienen in einer Auflage von 1,5 Millionen Exemplaren und waren bis Ende 1954 frankaturgültig. Viele Jahre vergingen, bis 1985 eine 80-Pfennig-Briefmarke, gültig für einen Standardbrief, auf „400 Jahre Frankfurter Börse" aufmerksam machte. Eine weitere bekannte und überregional bedeutende Institution, der Frankfurter Flughafen, zierte 1988 eine 10-Pfennig-Marke, die innerhalb der Dauermarkenserie „Sehenswürdigkeiten" in einer Stückzahl von rund 1,25 Milliarden Exemplaren ausgegeben wurde. Nur ein Jahr später warb eine 60-Pfennig-Sonderbriefmarke für das Jubiläum „750 Jahre Dom", verwendbar war sie als Porto für eine Postkarte. 1994 brachte das damalige Bundesministerium für Post- und Telekommunikation eine originell gestaltete 80-Pfennig-Sondermarke (Postkartenporto) heraus, die dem Stadtjubiläum „1200 Jahre Frankfurt" gewidmet war; sie

Briefmarken mit Frankfurt-Bezug.

zeigt die Silhouette der Stadt (im Vordergrund die Altstadt mit Dom, Römer und Alter Oper, im Hintergrund die modernen Hochhäuser). Vier Jahre später erinnerte eine 220-Pfennig-Sonderbriefmarke an „150 Jahre Paulskirchenverfassung“; lediglich acht Millionen Exemplare wurden von ihr gedruckt. Frankaturgültig war die Briefmarke, wie alle seit 1969 verausgabten Marken, unbeschränkt, allerdings wurde diese Regelung mit der Einführung des Euro zum 1. Januar 2002 hinfällig. Die kleinen Wertpapiere konnten als Porto bis zum 30. Juni 2002 genutzt werden, danach war zwölf Monate lang ein Umtausch möglich. Die erste Briefmarke mit Frankfurt-Bezug in der neuen Währung war eine 55-Cent-Marke, die als Motiv die Alte Oper zeigte, in der Reihe „Sehenswürdigkeiten“ im Dezember 2002 erschien und als Rollenmarke sowie selbstklebend im Markenheftchen erhältlich war; die Auflage insgesamt lag bei rund 1,15 Milliarden Exemplaren. Als bislang letzte „Frankfurt-Briefmarke“ ließ das inzwischen für die Herausgabe von Briefmarken zuständige Bundesfinanzministerium 2021 innerhalb der neuen Serie „U-Bahn-Stationen“ eine selbstklebende 270-Cent-Briefmarke drucken, die den U-Bahnhof Westend zeigt und als Porto für Maxibriefe (bis maximal 1000 Gramm) vorgesehen war. All diese Briefmarken wurden millionenfach gedruckt und in alle Welt verschickt. Sie dienten als Porto, als Sammelobjekt, vor allem waren und sind sie ein besonderer und liebenswerter Werbeträger der hessischen Mainmetropole.

52 Kuriositäten Mainhattans
Trinkhallen und Frankfurter Hüte

Verkaufsstände für Getränke, Tabak, Zeitungen und Süßigkeiten gibt es auch in anderen Großstädten, doch in Frankfurt stellen die hier Wasserhäuschen genannten Buden eine traditionsreiche Besonderheit dar. Ja, hier liegt der Ursprung aller späteren Trinkhallen.

Die Verkaufsstellen entstanden mit der Industrialisierung ab der Mitte des 19. Jahrhunderts. Zwar verfügten die großen Fabriken über eigene Ausgabestellen für alkoholfreie Getränke, doch für die Betriebsangehörigen, denen ein solcher Service nicht zur Verfügung stand, boten die Buden eine Erfrischung während der Pausen oder nach Dienstschluss. Bislang galt nicht abgekochtes Trinkwasser als ungenießbar, vor allem in den Großstädten, daher konsumierten die Arbeiter gerne Bier und Schnaps. Folglich förderten die Kommunen die Errichtung der Trinkhallen, die, neben Kaffee und Milch, Mineralwasser und Limonade in Flaschen verkauften. Die Möglichkeit, Mineralwasser in Glasflaschen abzufüllen und so zu verschließen, dass der Gasdruck erhalten blieb (Kugelverschlussflaschen), war eine Erfindung, die sich erst gegen Ende des 19. Jahrhunderts durchsetzte. Die Buden, die dieses „Bitzelwasser" anboten, wurden daher Wasserhäuschen genannt und ihre Verbreitung bewusst zur Eindämmung des Alkoholismus gefördert. Ein Pionier der Wasserhäuschen war Adam Jöst (1884–1962), der die Zeichen der Zeit erkannt hatte und nach seiner Lehre im Lebensmittelgeschäft von Jakob Latscha (1849–1912) die „Jöst-Reform-Gesellschaft" betrieb, die alkoholfreie Getränke herstellte und bis zum Ausbruch des Ersten Weltkrieges 1914 im Frankfurter Stadtgebiet bereits 20 Trinkhallen errichtete. Das älteste, noch erhaltene Häuschen stammt aus dem Jahr 1912 und steht am Franziusplatz am Osthafen („Jöst Nr. 1"). Im Laufe der Jahrzehnte entstanden, auch von anderen Anbietern betrieben, rund 800 Buden, die Wein und Bier, Kohle, Gemüse und Obst und weitere Waren des täglichen Bedarfs verkauften. Hatte schon der Bombenkrieg des Zweiten Weltkrieges viele Buden zerstört, so begann der Niedergang der Verkaufsstellen ab Ende der 1960er-Jahre; Lebensmittelläden und Tankstellen erwiesen sich als Konkurrenz, Beschwerden über Lärm- und Geruchsbelästigung von Betrunkenen und immer höhere Auflagen (Toiletten) führten zu einem unrentablen Geschäft. 1971 verkaufte Kurt Jöst die noch verbliebenen 80 Wasserhäuschen an die Henninger Bräu KG. Rund 300 dieser Kioske soll es heute in Frankfurt geben, die meisten stehen im Eigentum von Großbrauereien, 34 gehören der Stadt. Ihre Pächter bemühen sich um den Erhalt einer besonderen Institution, die nicht nur der Versorgung, sondern vor allem der Geselligkeit dient und die zudem das Stadtbild seit mehr als 120 Jahren prägt.

Während die Wasserhäuschen Gemeinschaft fördern, bewirken die Frankfurter Hüte das Gegenteil: Sie trennen Verkehrsflächen. Das Bauelement, Anfang des

Trinkhalle am Ernst-May-Platz.

21. Jahrhunderts von der Firma Lüft Verkehrstechnik (Budenheim) und der Stadt Frankfurt entwickelt, soll die Fahrbahn deutlich vom Rad- und Gehweg trennen und damit das Falschparken auf dem Bürgersteig verhindern. Das Kunststoffteil ist 75 cm lang, 15 cm hoch und 12 cm breit. Der Frankfurter Hut, erstmals in der hessischen Metropole eingesetzt, erfreut sich mittlerweile auch in anderen Städten (Köln, Mannheim, Stuttgart, Worms) an Beliebtheit.

53 Frankfurt kulinarisch
Apfelwein, Würstchen, Soße und Kranz

Seit dem frühen Mittelalter war die Umgebung von Frankfurt bekannt als Weinanbaugebiet, das jedoch bereits seit dem frühen 16. Jahrhundert an Bedeutung verlor (die letzte Weinlese in Bergen-Enkheim fand 1905 statt). Zunehmend wurden die ehemaligen Weinberge mit Obstbäumen bepflanzt – so entstand die Erfolgsgeschichte des Apfelweins, der im Dialekt als „Äbbelwoi", „Ebbelwoi" oder „Ebbelwei" ausgesprochen und auch als „Stöffche" bezeichnet wird. Die urigsten Apfelweinlokale befinden sich in Sachsenhausen.

Seit 1641 mussten Wirtschaften, die Apfelwein ausschenkten, einen Fichtenkranz mit einem Apfel als Erkennungszeichen vor der Tür anbringen, selbstverständlich wurde bereits damals der Weinersatz versteuert. Als Massengetränk und als das Traditionsgetränk der Frankfurter wurde der Apfelwein erst ab Beginn der 1860er-Jahre populär, als mit der aus Nordamerika eingeschleppten Reblaus die Traubenernte in Deutschland jahrelang beeinträchtigt war. Zur Apfelweinherstellung werden vor allem alte Apfelsorten bevorzugt. Ausgeschenkt wird der leicht säurehaltige Fruchtwein, dessen Alkoholgehalt zwischen fünf und sieben Volumenprozent beträgt, in einem graublauen Bembel, getrunken wird er aus einem überwiegend 0,3-Liter Gerippten (das dem Pfälzer Dubbeglas entspricht). Deutschlandweit bekannt wurden der Bembel und sein süffiger Inhalt durch die von 1957 bis 1987 vom hr ausgestrahlte Sendung „Zum Blauen Bock", mehr als 20 Jahre davon moderierten Heinz Schenk (1924–2014) und Lia Wöhr (1911–1994) die erfolgreiche Unterhaltungsshow. Mitten in der Altstadt, an der Ecke Braubachstraße/Neugasse, beobachtet der „Apfelweintrinker", ein Sandsteinrelief von Hermann Senf (1878–1979), das Geschehen.

Eine Frankfurter Spezialität ist auch die Grüne Soße („Grie Soß"), die aus den sieben Kräutern Schnittlauch, Kresse, Petersilie, Kerbel, Sauerampfer, Pimpinelle und Borretsch hergestellt und gerne zu Salzkartoffeln und hartgekochten Eiern gereicht wird. Der seit Mitte des 19. Jahrhunderts überlieferten Soße, die als typisches Gründonnerstagsessen gilt, wurde im Mai 2007 im Stadtteil Oberrad ein Denkmal errichtet, das aus sieben nachempfundenen Gewächshäusern besteht.

Noch bekannter und beliebter als die Grüne Soße sind die Frankfurter Würstchen, kurz „Frankfurter" genannt, die entweder in der ebenfalls traditionsreichen Frankfurter Linsensuppe serviert oder mit Senf zu Kartoffelsalat gegessen werden. Die dünne Brühwurst aus Schweinefleisch ist bereits seit dem Mittelalter belegt, seit 1929 darf die Bezeichnung „Frankfurter Würstchen" nur für Würstchen verwendet werden, die tatsächlich ausschließlich in Frankfurt und Umgebung hergestellt werden.

Auch Süßes kennt die Frankfurter Küche: den Frankfurter Kranz, eine ringförmige Buttercremetorte, die aus mehreren Schichten besteht und die oben und an den Seiten mit Krokant bestreut ist. Meist wird die Torte mit aufgespritzten Buttercremetupfen und Belegkirschen garniert. Der seit annähernd 300 Jahren bekannte Frankfurter Kranz gehört zum Angebot (fast) aller deutschen Konditoreien, sogar in England („Frankfurt Crown Cake") und in Frankreich („Couronne de Francfort") sind die Kuchenstücke beliebt. Die gehaltvolle Torte symbolisiert mit ihrer runden Form die Krone der Kaiser, die in Frankfurt gekrönt wurden, die roten Belegkirschen stehen dabei für die Rubine der Kaiserkrone.

Spezialitäten der Mainmetropole: Frankfurter Kranz und Frankfurter Würstchen.

54 Konzerne von Welt
Der Wirtschaftsstandort Frankfurt

Die Rhein-Main-Region gehört zu den bedeutendsten Wirtschaftszentren Deutschlands. In Frankfurt haben rund 450 Unternehmen mit weltweit ca. 420.000 Beschäftigten ihren Sitz, etliche von ihnen sind an der Börse notiert. Mit der Commerzbank, der Deutschen Bank und der Deutschen Börse gehören drei traditionsreiche Aktiengesellschaften sogar dem DAX an.

Gewährleistet ist die internationale Wettbewerbsfähigkeit dank einer hervorragenden Infrastruktur, die Transportmöglichkeiten über Straße, Schiene, Wasser und Luft bietet. Seit Handel betrieben wird, spielen Rhein und Main eine wichtige Rolle als Verkehrsadern. Ab Mitte des 19. Jahrhunderts kam die Eisenbahn als Wirtschaftsmotor hinzu, seit den 1960er-Jahren ermöglichen mehrere Autobahnen und gut ausgebaute Bundesstraßen Zentralität und schnelle Erreichbarkeit. Manche Unternehmen blicken auf eine jahrhundertealte Geschichte zurück: So ist die 1746 gegründete Höchster Porzellan Manufaktur das älteste Unternehmen, die seit 2018 bestehende trendtours Touristik GmbH ist das jüngste. Zu den ältesten Familienunternehmen Deutschlands gehört die hier bereits 1674 gegründete Privatbank B. Metzler seel. Sohn & Co.

Zu den umsatzstärksten Betrieben gehört die Kion Group AG. 2006 gegründet, ist das börsennotierte Unternehmen mit seinen insgesamt ca. 41.000 Beschäftigten der weltweit zweitgrößte Anbieter von Gabelstaplern und Lagertechnikgeräten und damit Marktführer in Europa. Mit der Benetton Group, einem ebenso weltweit tätigen Unternehmen der Modebranche, der Alliance Healthcare Deutschland GmbH, drittgrößte deutsche Pharmagroßhandlung, und der Nestlé Deutschland AG, dem weltweit größten Lebensmittelkonzern, haben Global Player ihren Sitz am Main. Nestlé mit seinen Milchprodukten, Süßwaren, Fertiggerichten, Speiseeis u.a. ist bekannt als größtes Industrieunternehmen der Schweiz mit Sitz in Vevey. Weniger bekannt dagegen ist, dass sein Gründer, der Apotheker Heinrich Nestle (1814–1890) in Frankfurt geboren wurde. 1839 kam er nach Vevey, änderte seinen Namen in Henri Nestlé und legte dort den Grundstein für das heutige Imperium.

Mit rund 81.000 Angestellten ist die Fraport AG der größte Arbeitgeber der Region. Die Betreibergesellschaft des Flughafens, 1947 als Verkehrsaktiengesellschaft Rhein Main gegründet (der spätere Name lautete Flughafen Frankfurt/Main AG), ging als florierendes Unternehmen, das auch Beteiligungen an weiteren deutschen und ausländischen Flughäfen besitzt, 2001 an die Börse. Zu den Anteilseignern der Gesellschaft, die auch als Sponsor in der Rhein-Main-Region Präsenz zeigt, gehören u.a. das Land Hessen, die Deutsche Lufthansa und die Stadtwerke Frankfurt.

Gegründet 1870 in Berlin, ist die Deutsche Bank eine der ältesten Aktien-

Blick vom Hauptbahnhof auf das Zentrum der Wirtschaftsmetropole.

gesellschaften Deutschlands. Seit ihrer Neugründung 1957 hat das Bankhaus seinen Sitz in Frankfurt. Dort ist sie in der Taunusanlage, also mitten im Zentrum, mit ihren 1984 vollendeten, jeweils 155 Meter hohen Zwillingstürmen („Soll und Haben") ansässig. Diese imposanten Wolkenkratzer gehören nicht nur zu den markantesten Bauten der Stadt, sondern sind auch deutschlandweit aufgrund ihrer häufigen Medienpräsenz bekannt. Zwar gehört die Glanzzeit des Kreditinstituts der Vergangenheit an, doch noch immer handelt es sich bei der Deutschen Bank um eine der wichtigsten Banken Europas mit derzeit rund 85.000 Mitarbeitern weltweit. Einen ähnlich hohen Bekanntheitsgrad hat auch die 1975 gegründete Deutsche Vermögensberatung AG; sie ist mit rund 14.000 Beschäftigten, mehr als 3400 Geschäftsfilialen und etwa sechs Millionen Kunden der größte Versicherungsbetrieb Deutschlands.

Außer diesen europaweit führenden Konzernen gibt es zahlreiche kleine und mittlere Unternehmen, die die Wirtschaft an Rhein und Main stärken. Dies wiederum wirkt sich positiv auf die Kultur und Wissenschaft hier aus und fördert damit auch die Lebensqualität aller.

55 Das Rückgrat der Stadt
Frankfurts starke Frauen

Viele Frauen, ob hier geboren oder zugezogen, haben die lange Geschichte Frankfurts mitgestaltet. Erinnert sei hier auch an die „Trümmerfrauen", die in der Nachkriegszeit maßgeblich am Wiederaufbau der geschundenen Stadt beteiligt waren. Von den zahlreichen Frauen, die eine intensive Beziehung zur Stadt haben oder diese nachhaltig prägten, seien nur zwei genannt: Petra Roth, Oberbürgermeisterin von 1995 bis 2012 und Ehrenbürgerin der Stadt, sowie die Schauspielerin Hannelore Elsner, die rund 30 Jahre lang in Nähe der Bockenheimer Warte lebte und nach der dort seit Juni 2023 ein Platz benannt ist. Erstaunlich ist, wie viele deutschlandweit bekannte Frauen in Frankfurt geboren wurden.

Am bekanntesten ist Anne Frank, Jahrgang 1929 und im Stadtteil Dornbusch aufgewachsen. Da jüdischen Glaubens und von Verfolgungen durch die Nationalsozialisten bedroht, wanderte die Familie 1934 nach Amsterdam aus, wo sie sich während der deutschen Besatzung der Niederlande versteckt hielt. 1944 aufgespürt, wurden sie nach Auschwitz deportiert, von dort kam Anne mit ihrer Schwester Margot (geb. 1926) ins KZ Bergen-Belsen, wo beide Anfang März

1945 verstarben. In die Literaturgeschichte ist Anne eingegangen mit ihren Aufzeichnungen, die sie zwischen dem 12. Juni 1942 und dem 1. August 1944 anfertigte und die ihr Vater Otto Frank (1889–1980) herausbrachte. Bis heute ist das mehrfach verfilmte „Tagebuch der Anne Frank“ Schullektüre und das meistverkaufte Taschenbuch in Deutschland; seit 2009 gehört es zum UNESCO-Weltdokumentenerbe. Anne Frank ist Namensgeberin zahlreicher Schulen, so der Realschule in Dornbusch.

Ein eigenständiges Werk hat auch Maria Sibylla Merian (1647–1717) hinterlassen. Als Tochter des gleichfalls berühmten Frankfurter Kupferstechers Matthäus Merian d. Ä. (1593–1650) geboren, war sie eine weitgereiste Naturforscherin und Künstlerin, die ab 1691 in Amsterdam eine Malwerkstatt führte und wissenschaftliche Bücher zu Insekten und Pflanzen schrieb.

Sie hat den „größten Sohn der Stadt“ hervorgebracht: Catharina Elisabeth Goethe (1731–1808), Tochter des Frankfurter Bürgermeisters Johann Wolfgang Textor (1693–1771). Von ihr habe er, so Goethe, „die Frohnatur und Lust zu fabulieren“. Überliefert ist von ihr so manches Bonmot; so soll die alte Frau Goethe einem Dienstmädchen bei Überreichung einer Einladung gesagt haben: „Richten Sie nur aus, die Rätin kann nicht kommen, sie muss alleweil sterben.“ An Goethes Mutter erinnern die Elisabethenschule und ein Denkmal im Palmengarten.

Längst in Weimar, wo sie ihn erstmals 1807 besuchte, war auch sie eine Frau, die Goethe faszinierte: Bettina von Arnim (1785–1859), Tochter des vermögenden Frankfurter Kaufmanns Peter Anton Brentano (1735–1797). Umgeben von weiteren Literaten – ihr Bruder war Clemens Brentano (1778–1842), ihr Mann Achim von Arnim (1781–1831) – gilt auch die umfassend gebildete Schriftstellerin, Komponistin und Zeichnerin Bettina als wichtige Vertreterin der Romantik. Daher wundert es nicht, dass das 2021 eröffnete Deutsche Romantik-Museum seinen Sitz in Frankfurt hat und zwar direkt neben dem Goethe-Haus. Doch auch Schriftstellerinnen unserer Tage haben am Main das Licht der Welt erblickt, etwa Charlotte Link (geb.

In Frankfurt geboren: Bettina von Arnim (1785), Anne Frank (1929), Gaby Reichardt (1938).

1963), die mit einer Gesamtauflage ihrer Romane (u.a. „Das Haus der Schwestern", „Die Rosenzüchterin") von über 28 Millionen Exemplaren zu den erfolgreichsten Gegenwartsautorinnen gehört.

Auch eine bekannte Opernsängerin zählt zu den Töchtern der Stadt: Mathilde Liselotte Sophie Jeanette Graumann (1821–1913), die unter dem Namen Mathilde Marchesi als Sopranistin und Musikpädagogin europaweit Erfolge feierte. Neben ihr, der erfolgreichen Eiskunstläuferin Marika Kilius (geb. 1943) oder der bekannten Meinungsforscherin Renate Köcher (geb. 1952), langjährige Leiterin des Instituts für Demoskopie Allensbach, haben mehrere überregional bekannte Politikerinnen ihre Wurzeln in Frankfurt: Elisabeth Schwarzhaupt (1901–1986), die von 1961 bis 1966 Gesundheitsministerin und damit erste Ministerin einer Bundesregierung war. Nach der vehementen Verfechterin der Gleichberechtigung ist eine Grünanlage im Stadtteil Dornbusch benannt. Weitere Ministerinnen auf Bundesebene waren Ursula Lehr (1930–2022), die zwischen 1988 und 1991 für das Ressort Jugend, Familie, Frauen und Gesundheit zuständig war, und Heidemarie Wieczorek-Zeul (geb. 1942), die von 1998 bis 2009 das Ministerium für wirtschaftliche Zusammenarbeit und Entwicklung leitete.

Während die Schauspielerin Camilla Horn (1903–1996) schon früh nach Berlin ging, dort ein Star der Stummfilmzeit war und dann mehr als 65 Jahre vor der Kamera stand, blieben drei Frankfurterinnen ihrer Heimat verbunden. Sie verbindet eine enge Beziehung zur „Firma Hesselbach", der erfolgreichsten Familienserie der 1960er-Jahre: Liesel Christ (1919–1996), die als „Mamma Hesselbach" die Regie der beliebten Verlegerfamilie führte, aber auch als Gründerin und Leiterin des Volkstheaters Frankfurt die hessische Kultur maßgeblich geprägt hat. Einem Millionenpublikum bekannt wurde auch Lia Wöhr, die als „Frau Siebenhals" die Putzfrau in der Serie spielte und deren Produzentin sie war. In einer weiteren Rolle als Fernsehproduzentin und Gastgeberin („Die Frau Wirtin") stand sie jahrelang neben Heinz Schenk in der ebenfalls vom hr produzierten Sendung „Zum Blauen Bock". Auch Gaby Reichardt (geb. 1938) begann in jungen Jahren ihre Karriere bei den „Hesselbachs" (als Sachbearbeiterin Emmy Puchel), bevor sie an den Städtischen Bühnen und dem Fritz-Rémond-Theater wirkte sowie zahlreiche hr-Sendungen wie „Gude, Servus und Hallo" oder „Fassenacht Frankfurt" moderierte. Zum Schluss sei hier Margit Sponheimer genannt. Sie singt zwar selbst, „Am Rosenmontag bin ich geboren, am Rosenmontag in Mainz am Rhein", doch tatsächlich wurde sie vier Wochen vor Rosenmontag, nämlich am 7. Februar 1943 geboren – und zwar in Frankfurt am Main!

Bildnachweis

Historisches Museum Stadt Frankfurt: S. 27 (CC-BY-SA 4.0, Historisches Museum Frankfurt (X28138)), S. 5, 97 (CC-BY-SA 4.0, Historisches Museum Frankfurt (X.1979.272,01–10); Fotos: Horst Ziegenfusz;
Messe Frankfurt GmbH/Sutera: S. 23;
Eduard Hessenberg: Struwwelpeter-Hoffmann. Lebenserinnerungen Dr. Heinrich Hoffmanns, Frankfurt/M. 1926 (S. 16: „Heinrich Hoffmann, als er den Struwwelpeter schrieb"): S. 102;
Stadt Frankfurt am Main/Stefan Maurer: S. 96;
Fabian Brackhane: S. 5, 61;
Ursel Orth-Giesen: S. 29;
Gaby Reichardt: S. 107. 117;
Shutterstock/manfredxy: Einband vorne;
Shutterstock/saiko3p: Vorsatz;
Shutterstock/ESB Professional: S. 2;
Shutterstock/Noppasin Wongchum: S. 121;
Shutterstock/f11photo: Nachsatz;
alle übrigen: Jörg Koch/Archiv Jörg Koch

Dank

Der Autor dankt allen Hinweis- und Bildgebern (Silvia Bartholl, Markus Beinrucker, Mirco Overländer, Andreas Wolf), insbesondere Dr. Bernd Braun für seine Mitwirkung an den Kapiteln 2, 42 und 46 sowie Kerstin Jaworski und Saskia Parakenings vom Sutton Verlag für die erneut konstruktive Zusammenarbeit.

Der Autor

Jörg Koch

Jörg Koch ist promovierter Historiker, Oberstudienrat in Frankenthal/Pfalz, Stadtrat in Worms und Autor zahlreicher regionaler und überregionaler Bücher. Seine letzten Titel sind: „Dass Du nicht vergessest der Geschichte. Staatliche Gedenk- und Feiertage in Deutschland von 1871 bis heute“ (Darmstadt 2019), „Einigkeit und Recht und Freiheit. Die Geschichte der deutschen Nationalhymne“ (Stuttgart 2021), „Rheinhessen. 55 Highlights aus der Geschichte“ (Erfurt 2021), „Deutsche Bahnhöfe in historischen Ansichten“ (Stuttgart 2021), „Mainz. 55 Meilensteine der Geschichte“ (Erfurt 2022), „Kino für das Ohr. 100 Jahre Rundfunkgeschichte(n)“ (Stuttgart 2023), „Wiesbaden. 55 Meilensteine der Geschichte“ (Tübingen 2023) und „Die Gedanken sind frei. August Heinrich Hoffmann von Fallersleben“ (Reinbek 2024).

Der Märchenbrunnen an der Untermainanlage wurde 1910 fertiggestellt.

Impressum
Sutton Verlag GmbH
Schweickhardtstraße 1
72072 Tübingen
www.suttonverlag.de

ISBN: 978-3-96303-520-3
Druck: Printed in Poland by CGS
Gestaltung und Herstellung: Sutton Verlag
Lektorat: Michael Raffel, Tübingen

In diesem Buch wird aus Gründen der besseren Lesbarkeit das generische Maskulinum verwendet. Weibliche und anderweitige Geschlechteridentitäten werden dabei ausdrücklich mitgemeint, soweit es für die Aussage erforderlich ist.

Ebenfalls erhältlich ...

ISBN 978-3-96303-434-3

Rund 170 faszinierende Fotografien erinnern an die größten Ereignisse und unvergessene Sportlerinnen und Sportler im alten Frankfurt.

www.suttonverlag.de

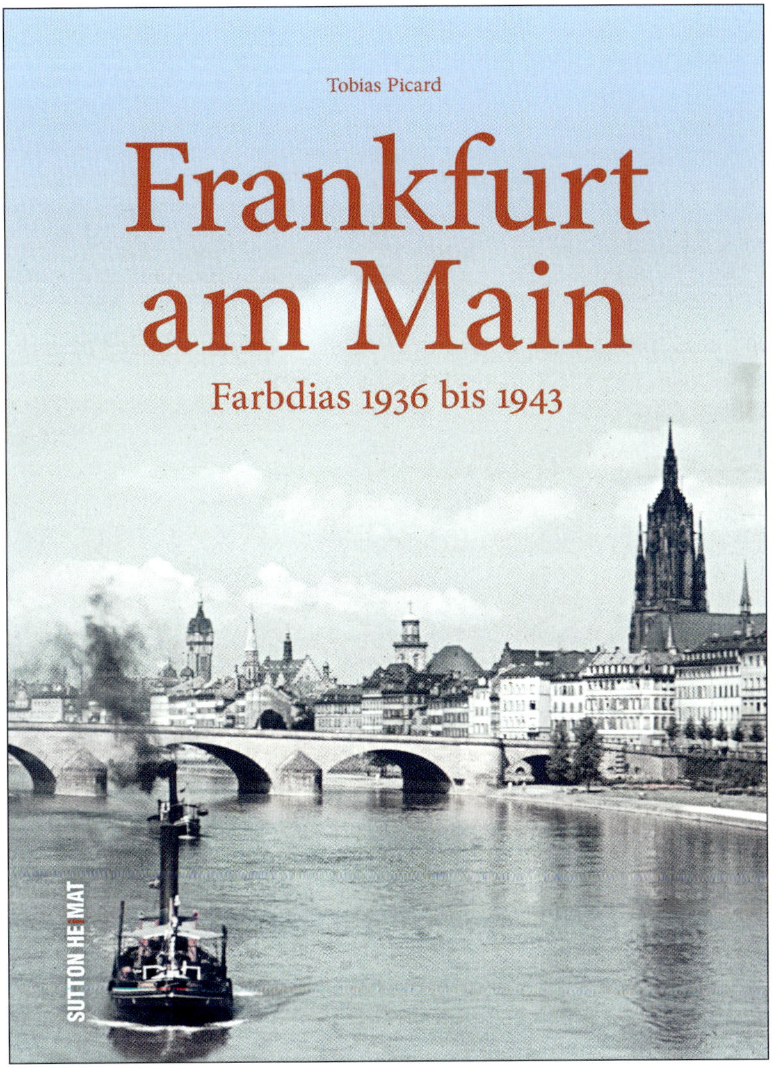